JN419152

오비츠11 여자아이
인형옷 패턴 교과서

— 11㎝ 바디를 위한 의상, 슈즈, 모자 컬렉션 —

아라키 사와코 지음 · 조수민 옮김 · 정지원 감수

ch.6
세일러복

ch.4
플리츠 스커트

모델: HJ x OB 「TYROL」
가발: 세 가닥으로 땋은 쇼트 컷 (티오레)

「6.블라우스」의 소매는 「5.원피스」에서 마음에 드는 패턴을 골라서 만들어주세요. 벨크로를 다는 대신 앞부분을 트임으로 해서 티셔츠 등과 레이어드하면 캐주얼한 재킷으로 즐길 수 있어요. 「2.티어드 스커트」는 핀턱 주름을 넣어주면 더 예뻐요. 「1.간단 스커트」는 레이스를 밑단으로 사용하므로 따로 단 처리가 필요 없어 추천합니다. 카추샤(헤어밴드의 일종—편집자주)는 전신 동물옷 페이지에 만드는 방법이 실려 있습니다. 빈 플라스틱 병을 잘라서 천을 붙이기만 하면 간단하게 만들 수 있어요. 여분의 리본은 장식에 활용해 보세요.

ch.6
블라우스 (퍼프 슬리브 반소매)

ch.2
티어드 스커트

ch.1
간단 스커트

ch.14
플랫슈즈

모델: OB EO3 「SIMPU」
가발: 에어리 컬 쇼트 (화이트블론드) 커스텀

「5.원피스」의 상의와 소매, 칼라를 다른 천으로 만들면 여러 벌을 레이어드한 것처럼 보입니다. 스커트를 조금 들어 올려서, 티어드 스커트 형태로 만든 페티코트 자락이 살짝 보이게 해주세요. 「16.보넷」은 원피스와 같은 천으로 만듭니다. 챙(브림)에 접착심을 붙여서 모양을 잡아주는 것이 포인트입니다. 이대로도 좋지만 레이스를 붙여주면 더 예뻐집니다. 「9.앞치마」는 가슴받이의 분리가 가능하므로, 원피스뿐 아니라 기모노, 차이나 드레스에 코디해도 잘 어울립니다.

ch.16
보넷

ch.16
보넷

ch.5
원피스
(라운드 칼라/퍼프 슬리브 긴소매/
티어드 스커트)

ch.5
원피스 (스탠드 칼라/줄리엣 슬리브/
티어드스커트)

ch.9
앞치마

ch.2
티어드 스커트

ch.2
티어드 스커트

좌 모델: OB EOO 「HAKASE」, 가발: 그레이스 위그 (티오레)
우 모델: OB EOO 「HAKASE」, 가발: 그레이스 위그 (상파뉴)

「5.원피스」를 응용한 작품 2가지. 오른쪽은 슬리브리스 상의에 간단 스커트(무릎 위 길이)를 붙였습니다. 밑단에 레이스 등을 장식할 수 있도록 조금 짧게 만들었습니다. 카츄샤(헤어밴드)는 전신 동물옷 페이지에 만드는 방법이 실려 있습니다. 왼쪽 원피스의 칼라는 '토이크로스' 원단(재단한 그대로 쓰는 천)을 이용해 꽃잎 모양을 연출했습니다. 합피와 리본으로 벨트를 만들면 포인트가 됩니다. 「1.간단 파니에(스커트를 부풀리는 용도의 속치마—편집자주)」는 패턴 그대로 옷자락이 보이도록 했는데, 원하는 길이로 변형해도 좋습니다.

ch.5
원피스 (동근 칼라 변형/
퍼프 슬리브 반소매/플레어 스커트)

ch.1
간단 파니에

ch.8
타이즈

ch.14
플랫슈즈

ch.5
원피스 (슬리브리스/간단 스커트)

좌 모델: HJ x OB 「TYROL」 가발: 츄러스 위그 (앤틱 베이지)
우 모델: OB E02 「MIKADO」 가발: 그레이스 위그 (만다린 브라운)

『8.수영복』 패턴을 응용했습니다. 라이크라 원단을 이용해 소매, 목둘레, 허벅지 둘레 부분을 재단해서 레오타드를 만들었습니다. 목둘레를 주름 잡힌 V 네크라인으로 변형했고, 『1.간단 파니에』를 발레 튜튜처럼 연출했습니다. 『8.타이즈』는 망사 원단을 이용했는데 시판 타이즈를 잘라서 사용해도 괜찮습니다. 두께가 있으면 레오타드를 입혔을 때 겹쳐져서 주름이 가게 되므로 프릴이 달린 고무줄 스커트로 잘 가려주세요. 『14.플랫슈즈』의 굽을 없애고 밑창으로 합피를 사용하면 발레리나 슈즈로 완성됩니다.

ch.8
수영복

ch.1
간단 파니에

ch.8
수영복 변형

ch.8
타이즈

ch.14
플랫슈즈

ch.14
플랫슈즈

좌 모델: OB E01 「OTOKO」 가발: 미네토 위그 (스위트 로즈)
우 모델: OB 「ISSA」 가발: 미네토 위그 (티오레)

오른쪽은 「6.블라우스」의 앞판을 1cm 길게 해서, 니트 원단을 이용해 카디건으로 변형했습니다. 칼라 없이 목둘레에 접착심을 대고 재봉한 다음 안으로 접어주면 됩니다. 앞쪽 트임은 벨크로 대신 실고리와 비즈로 마감했습니다. 가운데는 「6.세일러복」의 앞판을 2cm 길게 해서, 니트 원단을 이용해 튜닉으로 변형했습니다. 이것도 칼라 없이 목둘레에 접착심을 대고 재봉하고, 가슴받이를 붙여줍니다. 왼쪽은 「5.원피스(프렌치 슬리브)」 아래에 다른 천으로 만든 「1.간단 스커트」를 코디했습니다. 장식 벨트는 「9.앞치마」의 벨트 부분만 이용해 작은 리본을 붙였습니다(만드는 법은 패턴 페이지 참조). 「14.샌들」은 스커트와 같은 천으로 만들었습니다.

ch.9
앞치마 (벨트+리본)

ch.5
원피스 (프렌치 슬리브/
간단 스커트)

ch.1
간단 스커트
(무릎 아래 길이)

ch.14
샌들

ch.6
세일러복 변형

ch.7
레깅스

ch.6
블라우스 변형

ch.15
백팩

ch.1
간단 스커트 (무릎 위 길이)

좌 모델: HJ x OB 「RIBBON」, 가발: 리본 보브 위그 (플라티나 라임)
중 모델: E00 「HAKASE」, 가발: 누누스 위그 (티그라세)
우 모델: OB E02 「MIKADO」, 가발: 세 가닥으로 딸은 위그 (티오레)

「13.전신 동물옷」은 몸통과 후드가 분리되므로 후드+원피스 조합으로도 응용할 수 있습니다. 패턴의 개수가 적고 앞뒤가 거의 같은 모양이어서 초보자도 쉽게 만들 수 있습니다. 책에서는 구두를 신길 수 있도록 발이 나오는 형태로 만들었습니다. 아무래도 털이 긴 보아나 퍼 원단으로 만들면 둔해 보일 수 있어요. 그럴 때는 전체적으로 털을 짧게 커트해주세요. 「15.백팩」은 마음에 드는 귀와 눈을 달아서 다양한 동물 모양을 연출할 수 있습니다.

ch.13
전신 동물옷

ch.13
전신 동물옷

ch.15
백팩

좌 모델: OB E00 「HAKASE」 가발: 롱 뱅 위그 (메렝게 핑크) 커스텀
우 모델: OB E04 「TAISA」 가발: 롱 뱅 위그 (앤틱 모프) 커스텀

「10.차이나 드레스」는 장식끈을 가장자리에 둘러 돋보이게 했습니다. 중국 단추풍 장식 만드는 법도 실려 있으니 마음에 드는 장식을 선택하세요. 오른쪽은 길이를 짧게 해서 상의로 만들고 뒤판 전체가 트인 형태로 변형했습니다. 팬츠 길이는 1cm 정도 짧게 조정했습니다. 꼭 맞는 사이즈이기 때문에 짧은 길이로 변형하면 아래로 입을 때 낄 수도 있습니다. 그럴 때는 패턴의 밑단을 조금 넓혀주면 됩니다. 아래 사진에는 얇은 자카드와 실크 느낌의 샨탄을, 안감으로는 면 론(lawn)을 사용했습니다. 「14.플랫슈즈」는 차이나 드레스와 같은 원단으로 만들었습니다.

ch.10
차이나 드레스

ch.10
차이나 드레스 변형

ch.7
팬츠 변형

ch.14
플랫슈즈

ch.14
플랫슈즈

좌 모델: OB E03 「SIMPU」, 가발: ※시노와 시리즈·1(이-) 타입 (카페 브라운)
우 모델: OB 「ISSA」, 가발: 페코로즈 위그 (플래티나 블론드)

「11.후리소데」는 몸판과 스커트가 나눠져 있기 때문에 스커트와 함께 입는 창작 기모노로 만들어도 예쁩니다. 완성했을 때 가능한 한 두툼하게 보이지 않도록 간략화 했습니다. 띠(오비)의 경우도 부속의 위치 등을 변형해서 만들기 쉽도록 했습니다. 중급자라면 소매 길이를 변형해서 유카타 만들기에 도전해 보세요. 「12.하카마」는 가운데가 나눠지지 않은 여자용 하카마입니다. 복사뼈까지 오는 길이인데, 원하는 길이로 바꿔도 괜찮습니다. 플리츠가 많아 띠 부분이 두꺼워질 수 있으므로 가능한 한 얇은 원단을 추천합니다.

ch.11
후리소데

ch.12
하카마

ch.11
후리소데

좌 모델: OB E02 「MIKADO」, 가발: 미네트 롱 위그 (카페 느와르)
우 모델: OB E00 「HAKASE」, 가발: 두 가닥으로 땋은 위그 (쇼콜라)

CONTENTS

Frill

Puff

"프릴짱"
인형옷 만들기 초보인 토끼

"퍼프짱"
양재 마스터인 고양이 선생님

이 책엔 오비츠11 보디용 의류 패턴이 실려 있어요!

기본 원피스, 블라우스 등 활용도 높은 아이템 외에

전신 동물옷과 가방, 구두도 있어요!

원피스, 블라우스, 세일러복은 조합하는 방법에 따라 다양히 옷을 만들 수 있어요

예시

스커트 + 소매 + 몸판 + 칼라 =
원하는 파츠를 조합한다

세일러복   블라우스
+
원하는 소매를 선택한다

블라우스와 원피스의 길이를 늘리거나 니트 원단으로 제작하면 캐주얼 분위기가 납니다

세일러복의 길이를 늘려서, 칼라 없는 튜닉으로 변형

패턴 그대로의 스커트

스커트 길이를 변형해도 문제없어요

레이스 등 장식을 추가해도 귀엽고요

밑단에 레이스를 붙인다

길게 만든다

공작하듯이 만드는 플랫슈즈와 샌들 패턴도 실려 있어요

옷과 같은 원단으로 구두도 만들어요!

이 책의 패턴을 사용할 때의 주의점이 책 뒤에 쓰여 있다

이벤트
프리마켓 사이트
옥션판매

✕ N.G!

판권위반

다른 양재 관련 서적과 핸드메이드 책에도 공통되는 사항이므로 주의사항을 꼭 한 번 읽어주세요

이 책은 재봉틀 바느질을 기본으로 하고 있지만, 전부 손바느질로 완성해도 괜찮습니다

자신에게 편한 방법으로 도전해 보세요!

이 책의 패턴을 이용해 소중한 인형에게 예쁜 옷을 많이 만들어주세요!

패턴 해설

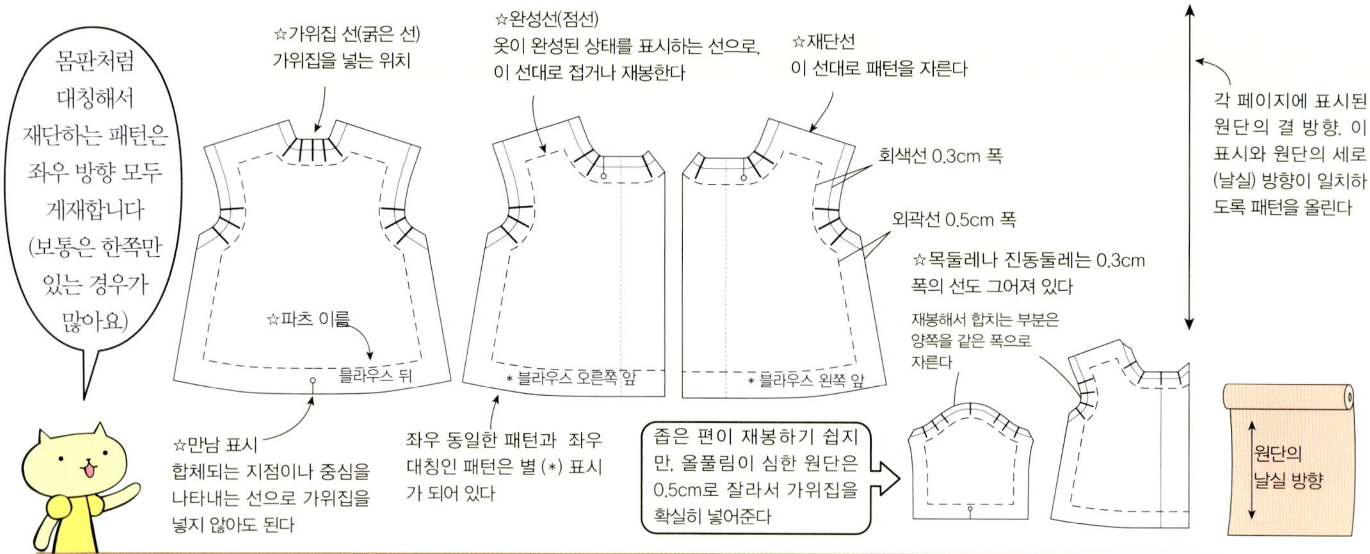

몸판처럼 대칭해서 재단하는 패턴은 좌우 방향 모두 게재합니다 (보통은 한쪽만 있는 경우가 많아요)

☆가위집 선(굵은 선)
가위집을 넣는 위치

☆완성선(점선)
옷이 완성된 상태를 표시하는 선으로, 이 선대로 접거나 재봉한다

☆재단선
이 선대로 패턴을 자른다

회색선 0.3cm 폭

외곽선 0.5cm 폭

☆목둘레나 진동둘레는 0.3cm 폭의 선도 그어져 있다

재봉해서 합치는 부분은 양쪽을 같은 폭으로 자른다

각 페이지에 표시된 원단의 결 방향. 이 표시와 원단의 세로 (날실) 방향이 일치하도록 패턴을 올린다

원단의 날실 방향

☆파츠 이름

블라우스 뒤

☆만남 표시
합체되는 지점이나 중심을 나타내는 선으로 가위집을 넣지 않아도 된다

좌우 동일한 패턴과 좌우 대칭인 패턴은 별 (*) 표시 가 되어 있다

* 블라우스 오른쪽 앞

* 블라우스 왼쪽 앞

좁은 편이 재봉하기 쉽지만, 올풀림이 심한 원단은 0.5cm로 잘라서 가위집을 확실히 넣어준다

(반신이 아닌 전신 패턴으로 되어 있는 경우

(일부 스커트 등은 반신 패턴)

전신 패턴

반신 패턴

패턴을 중심에 맞춰 접거나 반을 잘라낸다

재봉에 능숙하다면 일반 패턴처럼 반을 접어서 재단해도 괜찮다

일부 스커트는 반신 패턴을 골선(접힌 선)에 맞춰서 재단하세요

또는 종이를 붙여서 반쪽을 추가하면 재단하기 쉬워요

원단을 골선이 되게 접어 패턴을 올린다

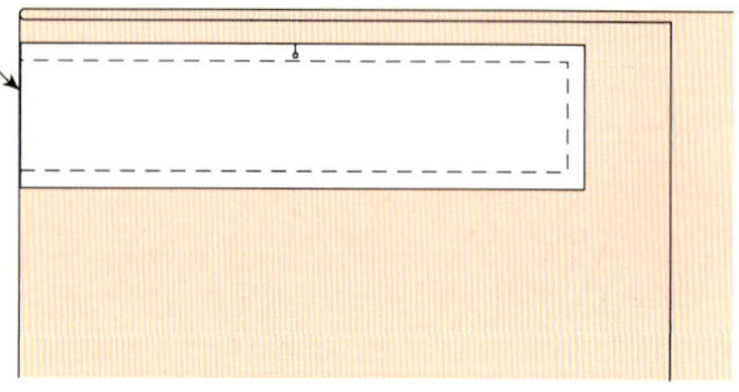

복사용지를 골선 부분에 붙여서 패턴의 나머지 반쪽을 만들어도 편하다

반대쪽을 추가한다 (만남 표시를 잊지 말고 그려둘 것)

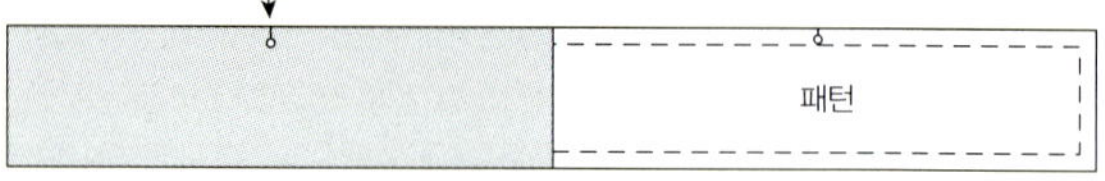

패턴

파츠끼리 합치기 쉽도록

시접 부분은 가능한 한 딱 맞춰 놓았다

의문의 가위 자국

일반 패턴

진동둘레 끝부분 등이 딱 맞도록 조정해 두었다

시접 처리를 꼼꼼이 해두면 "만들기 쉬워"라며 기뻐해주셔서 이 책에서도 힘써 보았어요

소매 ♀ (커프스 있음)

명칭은 시접에

플리츠 스커트의 얇은 가이드 선

프린터로 인쇄 가능한 원단을 사용하는 분들을 위해, 완성했을 때 겉으로 나오는 부분엔 글자와 진한 선이 나오지 않도록 했다

디지털 기술과 지식이 필요하긴 하지만, 나만의 문양을 만들고 싶다면 꼭 활용해 보세요!

원단에 패턴을 베껴 그리기 어려운 경우

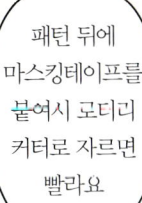

패턴 뒤에 마스킹테이프를 붙여서 로터리 커터로 자르면 빨라요

마스킹테이프를 둥글게 말아 패턴 뒤에 접착해서 원단에 붙인다
원단의 결 방향대로 패턴을 접어서, 실제로 천의 조직을 보면서 맞춰준다

시침핀을 꽂으면 울퉁불퉁해진다

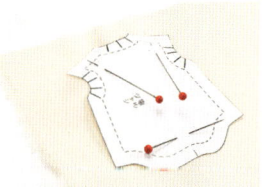

테이프라면 시침핀보다 안전하겠네

그대로 커터로 자르면 베껴 그릴 필요가 없다

섬세한 부분은 너무 많이 잘라내지 않도록 주의하세요!

완성선을 정확하게 베껴 그리는 방법

조금 번거롭긴 하지만, 시접이 없는 패턴도 만들어서 가장자리 선을 그려주면 정확한 완성선을 그릴 수 있어요

마스킹테이프를 붙인다

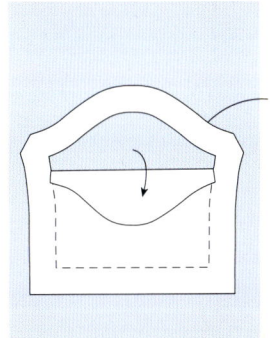

두꺼운 종이에 복사하거나 뒷면을 테이프 등으로 보강해 두면 좋다

또는 패턴 일부를 칼로 오려서 젖혀지도록 한다

만남 표시도 잊지 말고 그려준다

붙여서 사용하는 특수한 패턴

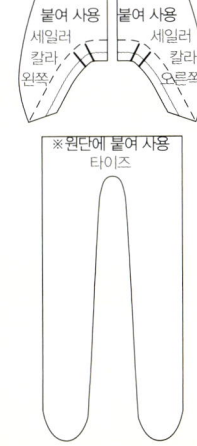

※원단에 붙여 사용 세일러 칼라 왼쪽

※원단에 붙여 사용 세일러 칼라 오른쪽

※원단에 붙여 사용 타이즈

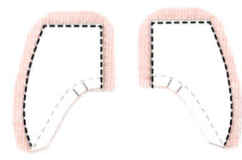

칼라나 타이즈 등 시접이 전체에 붙어 있지 않은 특수한 패턴의 경우, 패턴을 가이드 삼아 재봉한 후에 남는 부분을 잘라낸다

※재봉할 위치는 각각의 만드는 법 페이지를 참고하면 된다

올풀림 방지액 사용법

재단한 천에 올풀림 방지액을 발라주세요!
※올이 풀리기 쉬운 소재만

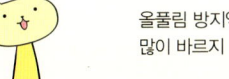

펫 시트 위에 천을 올려놓고 올풀림 방지액을 바르면 그대로 마른다

올풀림 방지액이 두드러지는 소재는 많이 바르지 않도록 주의한다

작은 인형에 적합한 원단·니트지

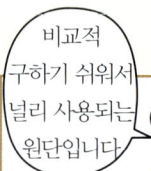

비교적 구하기 쉬워서 널리 사용되는 원단입니다

이외에도 적당한 원단들이 아주 많아요!

올 풀림이 없으면서 가능하면 얇은 원단이 좋아요!

면 론

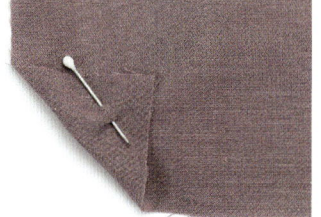

얇아서 블라우스나 세일러복의 칼라 뒷면에 활용하기 좋다. 원피스나 스커트를 만들 때 분무기로 물을 뿌려서 주름을 잡아주면 귀엽다. 올풀림 방지액을 꼼꼼히 발라둘 것.

면 브로드

색상이 다양하다. 면과 화학섬유 혼방이라 얇지만 빳빳하다. 올이 잘 풀리지 않는 것도 장점. 깔끔한 느낌으로 완성하고 싶을 때 좋다.

면 시팅

색상이 다양하다. 부드러워서 바느질하기 쉽고 뭔가 소박한 느낌이다. 팬츠나 재킷에도 사용하기 좋다. 올풀림 방지액을 꼼꼼히 발라둘 것.

천축(니트지)

겉과 안이 구분된다. 인형옷에 맞는 얇은 원단이 많지만 재단한 부분이 쉽게 말린다. 레깅스나 주름을 잡는 옷에 추천한다.

얇은 천이라 폭신한 느낌은 없어요

스무드(니트지)

천축보다 조금 두꺼워서 재단 부분이 말리지 않는다. 육안으로 봤을 때 겉과 안이 거의 같다. 주름을 넣으면 부피가 커질 수 있으니 주의하자.

천축 보다 조금 두꺼워요

소프트 튤·망사 원단

망사 　 소프트 튤

속이 비치는 그물 모양의 원단. 튤은 발레 의상에 사용할 만큼 힘이 있어 파니에 제작에 좋다. 망사 원단은 신축성이 있고 부드러운 것이 많아 스커트뿐 아니라 타이즈에도 적당하다.

접착심

너무 얇아도 너무 두꺼워도 사용하기 어려우므로, 천원샵이나 생활소품 전문점의 제품 두께를 기준으로 한다

- 부직포
- 평직물
- 니트용이 있어요.

다림질로 접착되는 것을 선택해요!

다림질 온도에 주의 하세요!

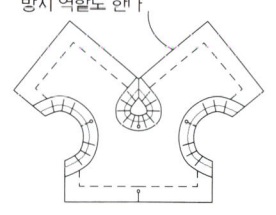

이렇게 올 방향이 사선으로 재단된 경우, 보강뿐 아니라 늘어남 방지 역할도 한다

작은 옷에 추천하는 면(面) 파스너

벨크로

pb-factory 오리지널의 굉장히 얇은 타입. 흰색과 검정색이 있다

소프트 시트

같은 craft cafe 제품이라도, 10×30cm의 파스너는 두꺼운 타입이므로 주의해야 한다

메커니컬 파스너

가장 얇지만 옆의 두 종류와 비교해 떨어지기 쉽다

까끌한 면 　 매끈한 면

일반적으로 까끌까끌한 면을 위쪽으로 가게 붙이지만, 여기서 소개한 제품들은 인형 머리카락이 달라붙는 것을 방지하기 위해 반대로 붙여도 괜찮다

재봉실

90번(얇은 천용) 재봉바늘 #7~9

오비츠 사이즈의 인형옷에는 이렇게 가는 실을 추천한다.

60번(보통 원단용) 재봉바늘 #9

소품이나 사람 옷에 맞는 두께. 가는 실을 구하기 어려우면 이 실도 무방하다.

50번(니트용) 재봉바늘 #9

니트 등 신축성 있는 소재에 사용. 타이즈처럼 잘 늘어나는 소재로 옷을 만들 때 좋다.

색상이 많지 않지만, 인형옷 전용의 가늘고 튼튼한 실도 추천합니다!

재봉도 쉽고 옷을 예쁘게 완성할 수 있어요.

후직스
TicTic PREMIER
1,000m짜리

손바느질실

패치워크용 실을 추천한다. 아무래도 오른손잡이가 사용할 때 실의 엉킴이 덜하다. 실에 탄력을 주어 엉킴 현상이 적도록 가공한 제품도 있다. 재봉실에 비해 조금 두껍다.

길면 엉키기 쉬우니까 60cm 이하로 잘라서 사용하세요

손바느질용
재봉바늘 #7~8

패치워크용
재봉바늘 #7~8

그중에서도 '피세'는 가늘고 탄력 있어 추천합니다!

Pice(피세)
재봉바늘 #7~8

35색

손바느질의 포인트

홈질

파츠의 연결에 사용하는 기본 바느질

바느질을 시작할 때 한 땀을 거꾸로 떠서. 매듭이 안쪽에서 지어지도록 하면 좋다

원단 끝에서 너무 가까운 곳에서 시작하면 매듭이 밖으로 나오거나 올이 풀리기 쉽다

박음질

양말 입구 등 신축성 있는 부분의 바느질에 적당하다

홈질 → 안 늘어남

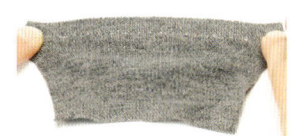

박음질 → 늘어남

공그르기

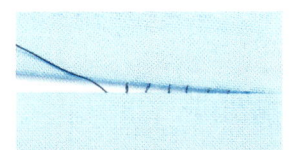

열린 부분을 닫을 때. 파츠를 연결하면서 시접이 밖에서 표시나지 않게 할 때 추천한다

재봉틀로 작업하기 어려운 작고 섬세한 부분이라면

무리하지 말고 손바느질로 완성합시다!

Chapter *1.*

간단 스커트
— SKIRT I —

실물 크기

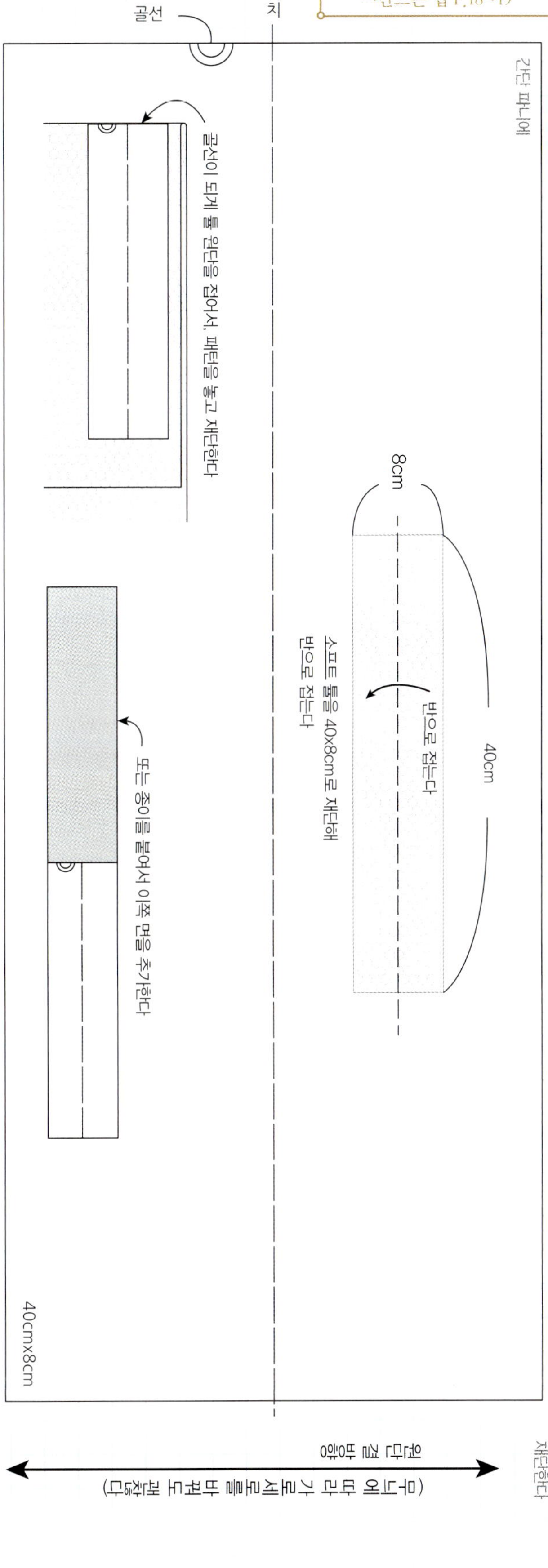

만들고 싶은 디자인에 맞춰,
패턴을 표시된 선에서 접어 원단 위에 올린다

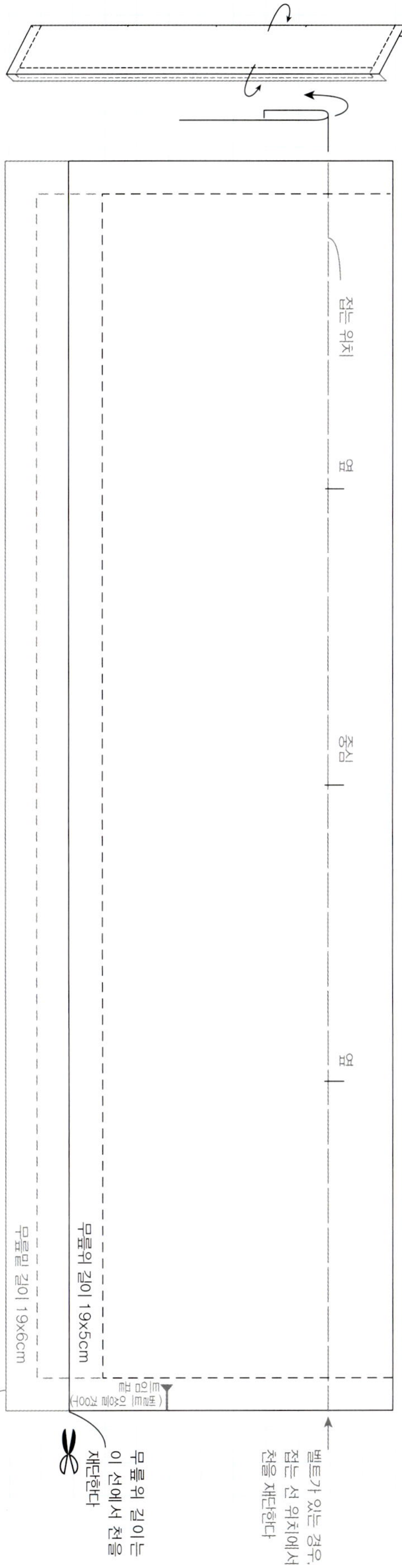

접는 위치

간단 스커트 패턴
→만드는 법 P.18~19

골선

간단 파넬에

끝선이 되게 똑 원단을 접어서, 패턴을 놓고 재단한다

접는 위치

요

중심

요

8cm

반으로 접는다

40cm

소프트 톨을 40x8cm로 재단해
반으로 접는다

무릎위 길이 19x5cm

무릎밑 길이 19x6cm

또는 종이끈을 붙여서 이쪽 매듭 추가한다

40cm×8cm

무릎위 길이가
(40과 패턴 8의 8cm)

뒤트임가 있는 경우
접는 선 위치에서
절을 재단한다

무릎밑 길이는
이 선에서 절을
재단한다

무릎위 길이는
이 선에서 절을
재단한다

원단의 올 방향
(뒤트임가 있는 경우 꼭 좌)

간단 스커트

허리 고무줄

직사각형 패턴으로 만드는 스커트! 허리에 고무줄을 통과시키기만 하면 됩니다

패티코트로 만들어도 좋아요!

---

1 → 패턴 P.17

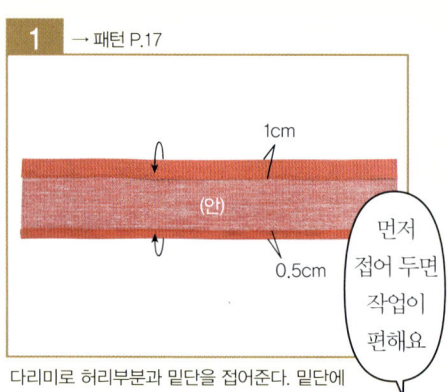

1cm

(안)

0.5cm

먼저 접어 두면 작업이 편해요

다리미로 허리부분과 밑단을 접어준다. 밑단에 레이스를 다는 디자인은 이 단계에서 레이스를 재봉해둔다. (다는 방법은 옆 페이지에)

2

0.7cm 정도(고무줄 폭보다 넓게)

(안)

허리에 납작 고무줄(0.3~0.4cm 폭)을 끼워서 재봉한다.

각자 쉬운 방법을 선택 하세요

고무줄을 끼운 채 재봉하기 어려우면, 허리를 재봉한 후 작은 옷핀을 이용해 고무줄을 끼워도 된다.

3

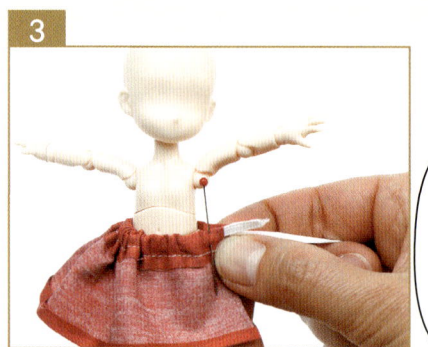

인형에게 입혀서 적당한 사이즈로 줄인 다음, 시침핀으로 고정한다. 시침핀을 빼면 고무줄이 안으로 들어가 버릴 수 있으므로 양재용 펜으로 표시해두면 좋다.

4

삐져나온 고무줄은 잘라낸다

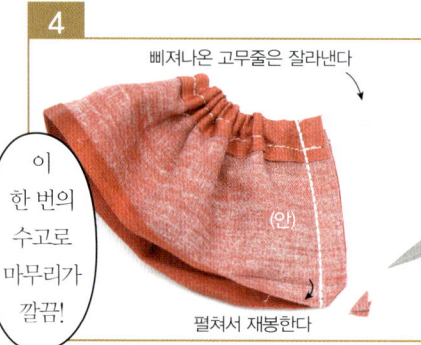

(안)

펼쳐서 재봉한다

이 한 번의 수고로 마무리가 깔끔!

고무줄이 느슨해지지 않게 신경 쓰면서 단을 재봉한다. 밑단 끝부분을 사선으로 잘라주고, 올풀림 방지액을 바른다. (자르지 않으면 시접이 삐져나온다.)

5

(안)

시접을 좌우로 나눠주는 것을 '가른다'라고 합니다

다리미를 이용해 시접을 가르고, 밑단을 접어 빙 둘러 재봉한다.

(겉)

(안)

갈라놓은 시접은 감침질하거나 접 착제로 붙인다

또는 레이스와 스커트의 이음매 위를 겉에서 상침 재봉해서 시접을 고정해도 좋다

밑단에 레이스를 다는 경우. 밑단 시접도 같은 방법으로 처리한다

6

간단 스커트 완성!

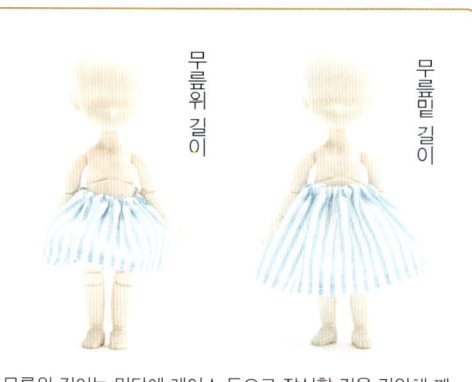

무릎위 길이

무릎밑 길이

무릎위 길이는 밑단에 레이스 등으로 장식할 것을 감안해 꽤 짧게 되어 있다. 원하는 길이로 늘려도 좋다.

장식을 다는 경우 스커트 본체나 밑단에

겉끼리 마주대어 재봉해 겉으로 뒤집기

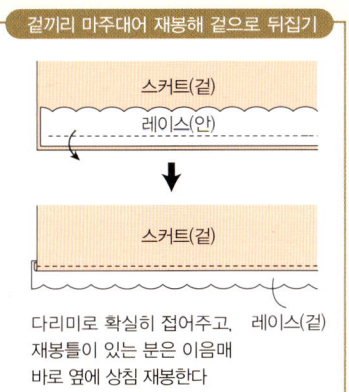

스커트(겉)
레이스(안)

↓

스커트(겉)

다리미로 확실히 접어주고, 재봉틀이 있는 분은 이음매 바로 옆에 상침 재봉한다

레이스를 겹쳐서 재봉하기

레이스를 아래에 겹쳐서 재봉

스커트(겉)
레이스(겉)

레이스를 위에 겹쳐서 재봉

스커트(겉)
레이스(겉)

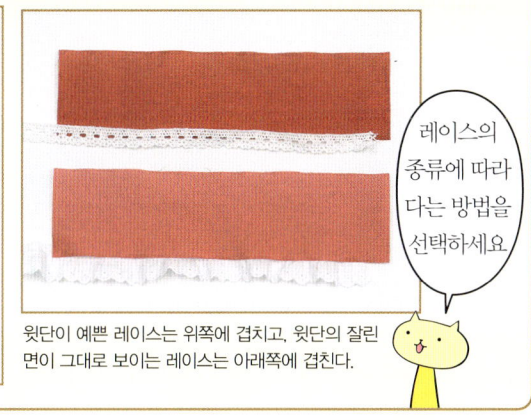

윗단이 예쁜 레이스는 위쪽에 겹치고, 윗단의 잘린 면이 그대로 보이는 레이스는 아래쪽에 겹친다.

레이스의 종류에 따라 다는 방법을 선택하세요

허리를 손바느질 하는 방법

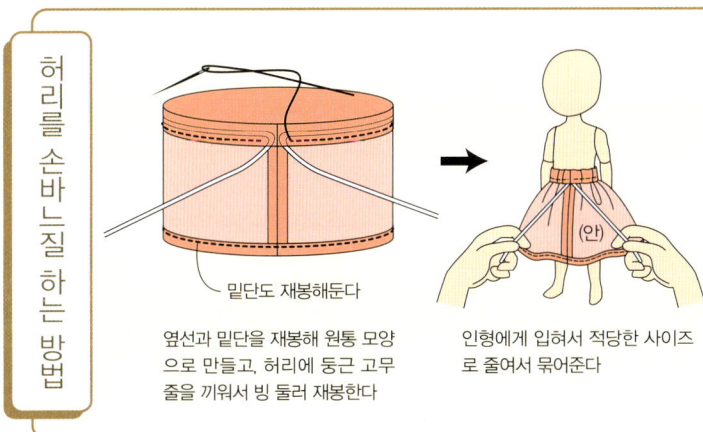

밑단도 재봉해둔다

옆선과 밑단을 재봉해 원통 모양으로 만들고, 허리에 둥근 고무줄을 끼워서 빙 둘러 재봉한다

인형에게 입혀서 적당한 사이즈로 줄여서 묶어준다

만드는 방법 허리에 고무줄 구멍

위쪽은 한두 땀 고정하는 정도

(안)

접는 위치까지 재봉

↓

허리를 접어서 재봉

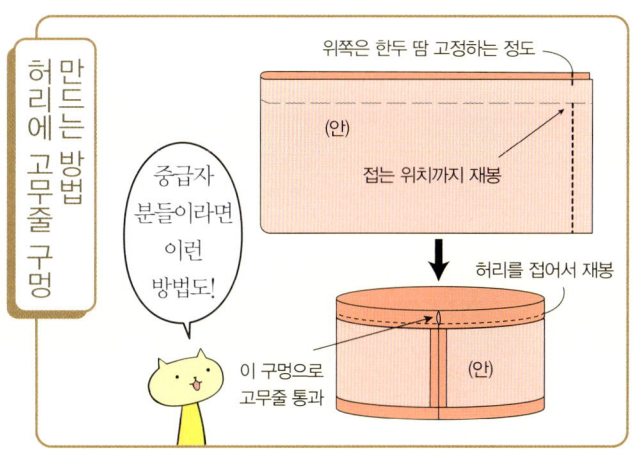

(안)

이 구멍으로 고무줄 통과

중급자 분들이라면 이런 방법도!

만드는 방법 간단 파니에 소프트 튤과 둥근 고무줄로

40cm
8cm
반으로 접는다
소프트 튤을 40x8cm로 잘라서 반으로 접는다
→ 패턴 P.17

→

이런 상태가 된다

1

둥근 고무줄을 통과시켜서 허리 부분을 재봉한다. 재봉틀을 쓸 경우, 밑에 종이를 대고 박으면 좋다. 손바느질을 할 때는 실의 매듭이 빠지지 않도록 망사 구멍에 묶어둔다.

2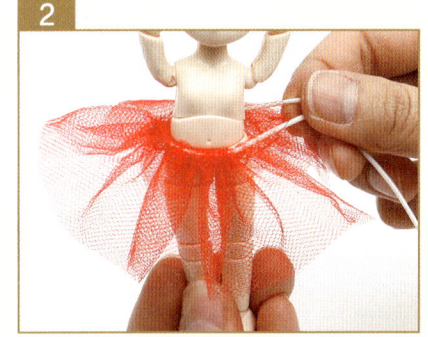

허리 사이즈에 맞게 고무줄을 당겨서 묶어주고 여분을 자른다. 스커트 길이가 너무 길면 밑단을 잘라준다.

뒤중심은 굳이 재봉하지 않고 간단히 만들어요

일부러 길게 만들어 옷자락이 보이게 해도 귀여워요!

Chapter 2.

티어드 스커트
─ SKIRT II ─

실물 크기

티어드 스커트 패턴
→만드는 법 P.22~24

원단 결 방향(무늬에 따라 가로세로를 바꿔도 괜찮다)
※벨트는 간단 스커트, 티어드 스커트, 플레어 스커트 공통

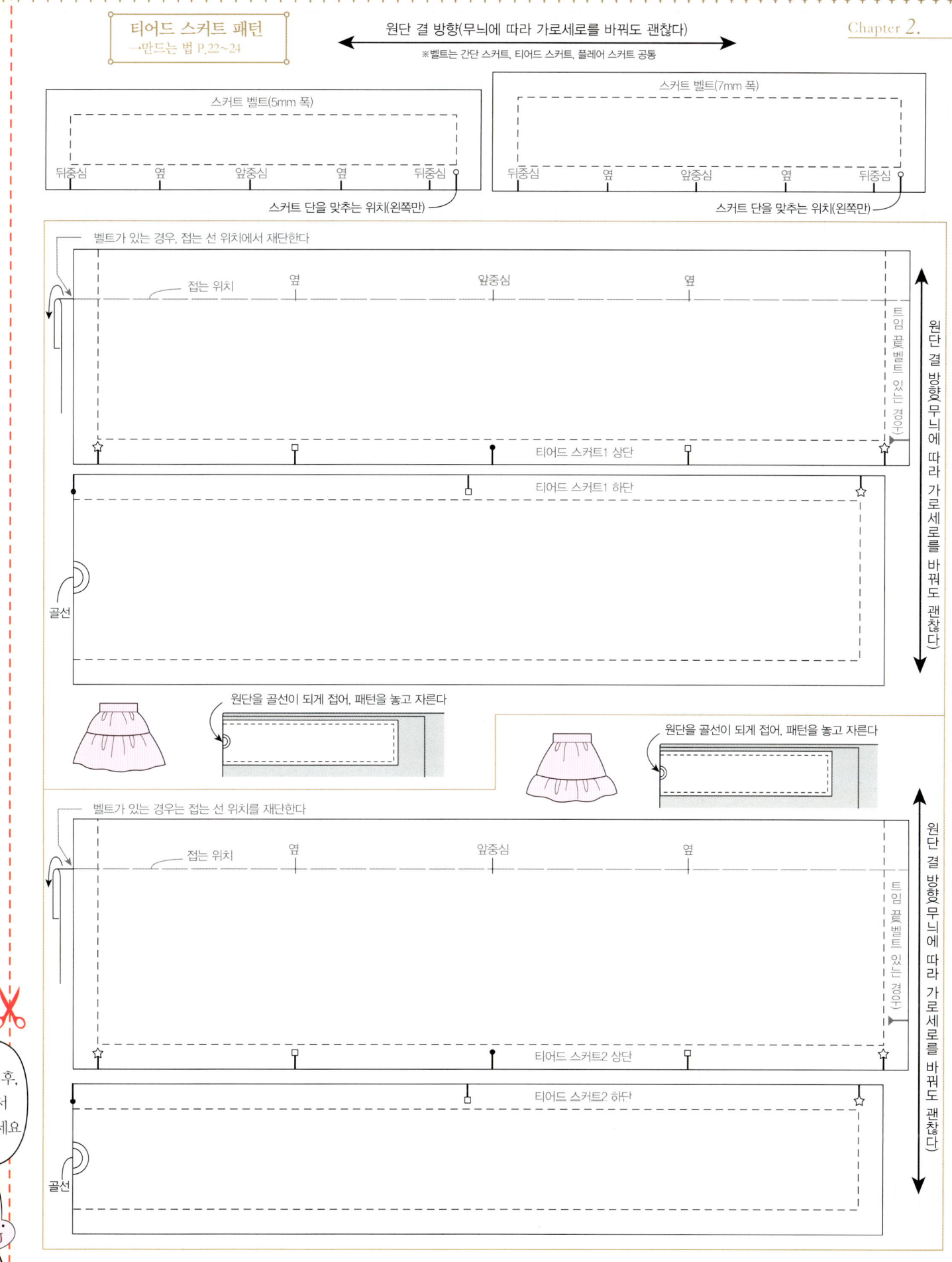

스커트 벨트(5mm 폭)

뒤중심　옆　앞중심　옆　뒤중심

스커트 단을 맞추는 위치(왼쪽만)

스커트 벨트(7mm 폭)

뒤중심　옆　앞중심　옆　뒤중심

스커트 단을 맞추는 위치(왼쪽만)

벨트가 있는 경우, 접는 선 위치에서 재단한다

접는 위치　옆　앞중심　옆

틈임 끝 벨트 있는 경우

티어드 스커트1 상단

티어드 스커트1 하단

골선

원단을 골선이 되게 접어, 패턴을 놓고 자른다

원단을 골선이 되게 접어, 패턴을 놓고 자른다

원단 결 방향(무늬에 따라 가로세로를 바꿔도 괜찮다

벨트가 있는 경우는 접는 선 위치를 재단한다

접는 위치　옆　앞중심　옆

틈임 끝 벨트 있는 경우

티어드 스커트2 상단

티어드 스커트2 하단

골선

원단 결 방향(무늬에 따라 가로세로를 바꿔도 괜찮다

복사한 후, 잘라서 용하세요

티어드 스커트

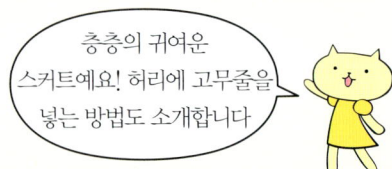

층층의 귀여운 스커트예요! 허리에 고무줄을 넣는 방법도 소개합니다

패턴은 두 가지를 게재했다

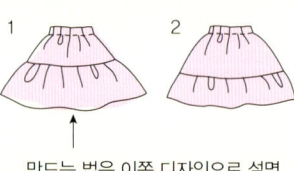

만드는 법은 이쪽 디자인으로 설명했지만, 순서는 양쪽이 같다

---

1 → 패턴 P.21

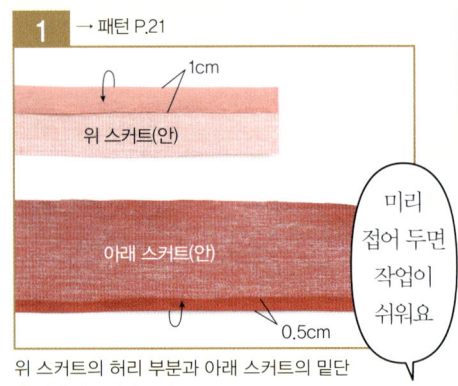

1cm
위 스커트(안)
아래 스커트(안)
0.5cm

미리 접어 두면 작업이 쉬워요

위 스커트의 허리 부분과 아래 스커트의 밑단을 다림질로 접어 둔다.

2

양끝 0.5cm는 바느질하지 않는다
0.7cm 0.3cm

실이 빠지지 않도록 한쪽에 매듭을 지어주세요

아래 스커트의 상단에 주름용 홈질을 2줄 해준다.
(위에서 0.3cm와 0.7cm 정도)

3

옆   중심   옆
(겉)
(안)

위아래 스커트의 양끝, 옆선 위치, 중심의 만남 위치를 겉끼리 마주댄다.
(주름을 잡기 전, 만남 위치를 시침핀으로 표시해두면 작업이 쉽다.)

4

아래 스커트의 실을 당겨서 주름을 잡는다. 주름용 홈질을 2줄 해주면 주름을 균일하게 잡을 수 있다.

5

※ 시침핀은 반드시 재봉 바늘이 닿기 전에 빼준다

다리미로 시접을 판판히 눌러줘도 되지만, 마스킹테이프는 가이드가 되니까 편리해요

위아래 스커트를 재봉해 붙인다. 주름이 움직여서 재봉이 힘들면, 0.5cm 폭으로 자른 마스킹테이프를 시접 부분에 붙여 고정하고, 그것을 가이드 삼아 재봉하면 된다.

6

손가락을 위아래로 섬세하게 움직여 주세요

주름용 홈질한 실을 빼준다. 바늘구멍은 분무기로 습기를 준 다음, 섬세하게 움직여주면 보이지 않는다.

7

시접은 위로 접고, 겉에서 이음매의 옆을 상침 재봉한다.

반박음질 (손바느질의 경우)

원단(겉)

실

재봉틀이 없는 경우. 이음매 옆을 바늘땀이 작은 반박음질해주면 좋다. 다림질로 잘 고정되는 소재라면 시접을 집기만 해도 된다.

8

0.7cm 정도 (고무줄 폭보다 넓게)

(안)

허리에 납작 고무줄(3~4mm 폭)을 끼워서 재봉한다. 이 작업이 어려우면, 재봉 후에 옷핀에 고무줄을 끼워서 통과시켜도 좋다.

9

인형에 입혀서 고무줄을 적당히 줄여주고 시침핀으로 고정한다. 시침핀을 빼면 고무줄이 들어가버릴 수 있으니 양재용 펜으로 표시해두면 좋다

10

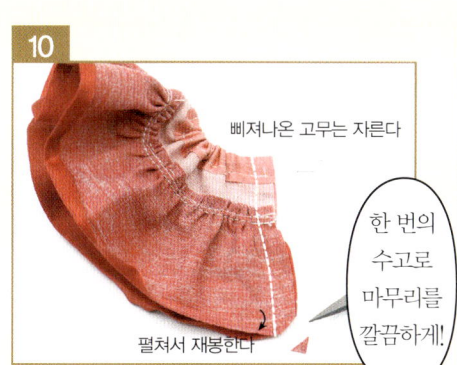

삐져나온 고무는 자른다

펼쳐서 재봉한다

고무줄이 느슨해지지 않도록 주의하며 뒷단을 박는다. 밑단의 끝 부분을 잘라주고, 올풀림 방지액을 발라둔다. (자르지 않으면 시접이 삐져 나온다)

한 번의 수고로 마무리를 깔끔하게!

11

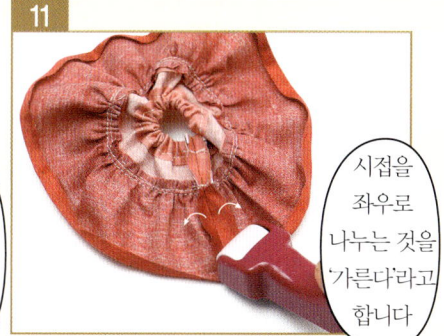

시접을 좌우로 나누는 것을 '가른다'라고 합니다

다리미나 기타 도구를 이용해 뒷단 시접을 가르고, 밑단을 접어 빙 둘러 박는다.

12

티어드 스커트 완성. (원단의 두께와 탄력에 따라 스커트 볼륨이 달라진다.)

자세한 방법은 간단 스커트 페이지를 참고하세요

허리둘레에 들어간 고무줄을 당겨서 줄이는 방법

고무줄이 통과할 구멍을 만드는 방법

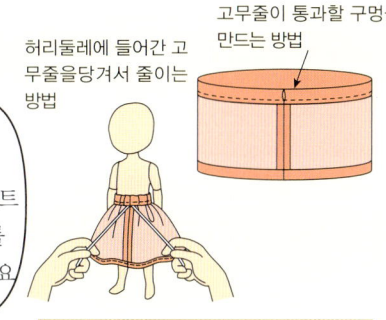

허리를 손바느질해서 고무줄을 원하는 사이즈로 줄이는 방법, 허리에 고무줄 구멍을 만드는 방법이 소개되어 있다.

윗단·아랫단 사이에 얇은 레이스를 끼워도 좋다

변형 예시

핀턱 주름을 넣어도 예쁘다

아랫단 옷자락에 레이스를 재봉해 붙여도 좋다. (앞의 허리 고무줄 스커트 페이지 참조)

핀턱 주름 요령

핀턱 주름이 예쁘게 잡히지 않아요~

다리미로 꼼꼼하게 접었는데도 삐뚤어졌어요!

씨실을 한 올 빼주면 좋아요

패턴보다 크게 재단한다. 핀턱을 넣을 위치 근처의 씨실을 한 올 뺀다. (시침핀을 이용하면 원단의 올을 빼기 쉽다.)

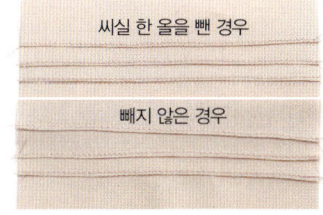

씨실 한 올을 뺀 경우

빼지 않은 경우

올을 뺀 부분이 정확하게 접히게 된다.

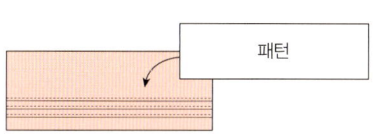

패턴

원단을 패턴보다 크게 잘라서 핀턱을 재봉한 다음, 패턴을 놓고 재단하는 것이 포인트.

벨트 다는 방법

고무줄 스커트를 벨트 달린 스커트로 변형해 봅시다!

직사각형 스커트, 티어드 스커트에 벨트를 다는 경우

1

원피스나 벨트가 있는 치마라면, 허리는 접는 선 위치로 재단한다

간단 스커트 패턴

패턴을 자르지 말고 접는 선대로 접은 다음, 천에 놓고 재단한다

간단 스커트 패턴

밑단을 짧게 할 때도 패턴을 자르지 않고 접어준다

2

이쪽은 끝을 딱 맞춘다

벨트 끝을 0.5cm 밖으로 낸다

(안)

스커트의 끝을 0.5cm 접는다

스커트와 벨트의 양끝, 옆, 중심의 만남 표시를 겉끼리 마주댄다. 스커트 한쪽 단의 시접을 0.5cm 안으로 접는다.

3

이후는 플레어 스커트 벨트 달기의 순서와 동일하다.

벨트 대신 납작 고무줄 달기 ※8골(7mm 폭) 고무줄로 설명

1

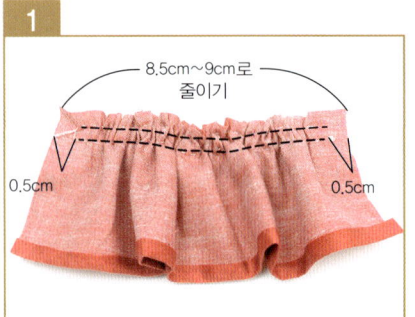

8.5cm~9cm로 줄이기

0.5cm

0.5cm

허리 양끝 0.5cm 안쪽에 주름용 홈질을 해서, 전체가 8.5~9cm가 되도록 줄여준다.
(손바느질로 고무줄을 달 때는 전체를 7.5cm로 줄인다.)

2

고무줄에 양끝, 옆, 중심을 표시해주고, 스커트(겉면)에 시침핀으로 고정한다.

7.5cm

중심 위치 등, 고무줄에 만남 표시를 그려 둔다

3

시침핀은 재봉 바늘이 닿기 전에 꼭 빼주세요!

고무줄을 당겨서 늘려가며 박는다.

4

펼쳐서 재봉한다

트임 부분이 없어서 만들기 간단해요

스커트를 겉끼리 마주댄 상태에서 반으로 접어 뒤중심을 박는다. 여분의 고무줄과 시접 모서리 부분을 잘라낸다. 밑단을 박는다.

손바느질의 경우, 고무줄을 늘이지 말고 니트용 레지론실 등으로 재봉하면 된다.

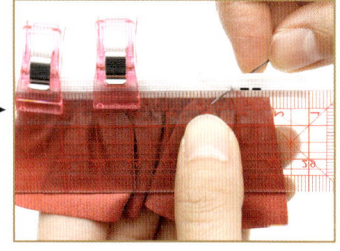

고무줄이 자의 밖으로 0.3cm 나가도록 붙인다

자에 양면테이프를 붙이고, 고무줄(0.8cm 폭)이 이 자 밖으로 0.3cm 나가도록 붙여준다. (늘리며 붙이지 않는다.)

클립으로 스커트를 고정하고, 자의 라인을 가이드 삼아 박음질한다.

플레어 스커트

— SKIRT Ⅲ —

실물 크기

플레어 스커트

벨트 달린 스커트
(7mm 벨트로 설명)

부채형 패턴의 벨트 스커트예요!

직사각형 패턴보다 밑단이 넓어요

1 → 패턴 P.28

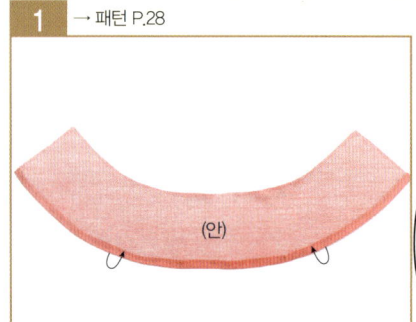

(안)

밑단을 다리미로 접는다. 밑단에 레이스를 달고 싶다면, 이 단계에서 달아준다.
(다는 방법은 간단 스커트 페이지 참조)

2

좀 귀찮지만, 2줄 바느질을 해주면 주름이 안정적이에요

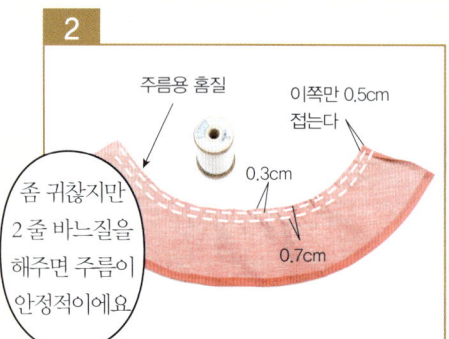

주름용 홈질

이쪽만 0.5cm 접는다

0.3cm

0.7cm

한쪽 끝만 0.5cm 접고, 허리 부분에 주름용 홈질을 2줄 해준다.
(위에서부터 0.3cm, 0.7cm 정도)

3

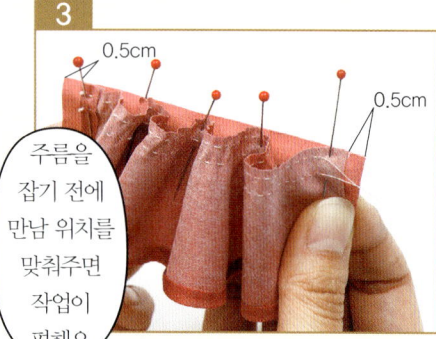

0.5cm

0.5cm

주름을 잡기 전에 만남 위치를 맞춰주면 작업이 편해요

스커트와 벨트의 양끝, 옆, 중심 등의 만남 위치를 겉끼리 마주댄다. 벨트의 양끝은 0.5cm 밖으로 내준다.

4

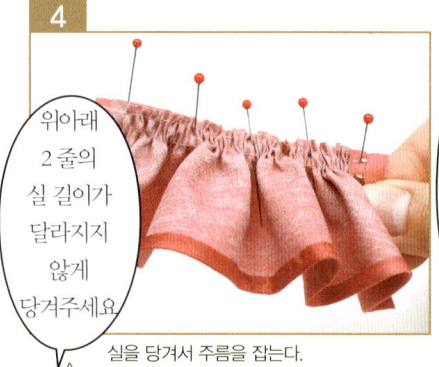

위아래 2줄의 실 길이가 달라지지 않게 당겨주세요

실을 당겨서 주름을 잡는다.

5

시접을 판판하게 다림질하는 방법도 있지만, 테이프를 붙이면 가이드가 되니까 편리해요

※시침핀은 반드시 재봉 바늘이 닿기 전에 빼준다

허리를 박는다. 주름이 움직여 재봉이 어렵다면, 마스킹테이프를 0.5cm 폭으로 잘라 주름의 시접 부분에 붙여서 고정하고, 그것을 가이드 삼아 박으면 된다.

6

다림질로 확실히 접어주면 좋아요

벨트의 양끝을 접은 다음, 허리 시접을 감싸듯이 접어준다. 이때 벨트의 폭이 균일해야 한다.

7

(겉)

(안)

벨트와 스커트의 이음매 부분을 겉에서 박아준다.

이쪽이 보기에 깔끔하지만, 조금 두꺼워질 수 있으니 소재에 따라 적절히 활용하세요

벨트 안쪽을 깔끔하게 마무리하고 싶다면, 그림처럼 시접을 안으로 접어 넣고 손바느질한다

8

손가락을 상하로 섬세하게 움직여 주세요

주름용 홈질한 실을 뺀다. 바늘구멍은 분무기로 습기를 주어서, 원단을 섬세하게 움직여주면 없어진다.

9

각각의 겉면이 안쪽으로 가게 겹치는 것을 '겉끼리 마주댄다' 라고 해요

겉끼리 마주대어 반으로 접고, 밑단을 펼쳐서 뒤중심을 트임 끝 위치까지 박는다.

10

밑단 시접의 모서리는 잘라주는 게 좋아요

시접을 왼쪽으로 접고(스프링 후크 쪽) 밑단을 박는다. 두꺼운 원단이거나 밑단에 레이스를 달았다면, 가름솔해도 괜찮다.

밑단에 레이스를 달았다면, 시접을 갈라서 감침질하거나 접착제로 붙인다

(안)

(겉)

또는 스커트와 레이스의 이음매 위에 상침 재봉해서 시접을 고정해도 된다

11

트임 부분에 스프링 후크를 달고 반대쪽에 실고리를 만들어준다. (스냅 단추도 괜찮다.)

사이즈 조절이 쉬워요

스프링 후크+실고리의 경우, 윗옷을 스커트에 넣어 입거나 내어 입는 경우에 대비해 실고리를 2개 만들어 두면 좋다.

12

플레어 스커트 완성.

레이스나 자카드 리본 테이프 등을 달 때, 레이스를 분무기로 적시고 다림질로 커브를 만들어준다

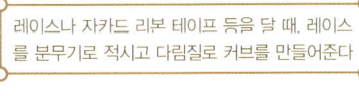

밑단 기브가 깔끔하게 접히지 않을 때

촘촘한 주름용 홈질

두꺼운 종이를 완만한 커브 형태로 잘라 밑단용 모양자를 만든다. 이를 밑단에 대고 다림질로 접어준다. 또는 주름지기 쉬운 부분에 촘촘한 주름용 홈질을 해서 실을 당겨준다.

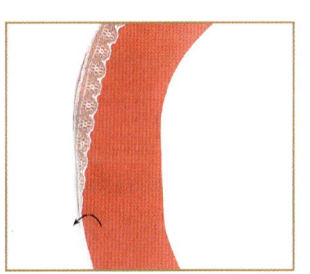

좁은 레이스를 밑단에 다는 방법도 있다. (레이스 폭에 맞춰서 시접의 폭도 좁혀준다.)

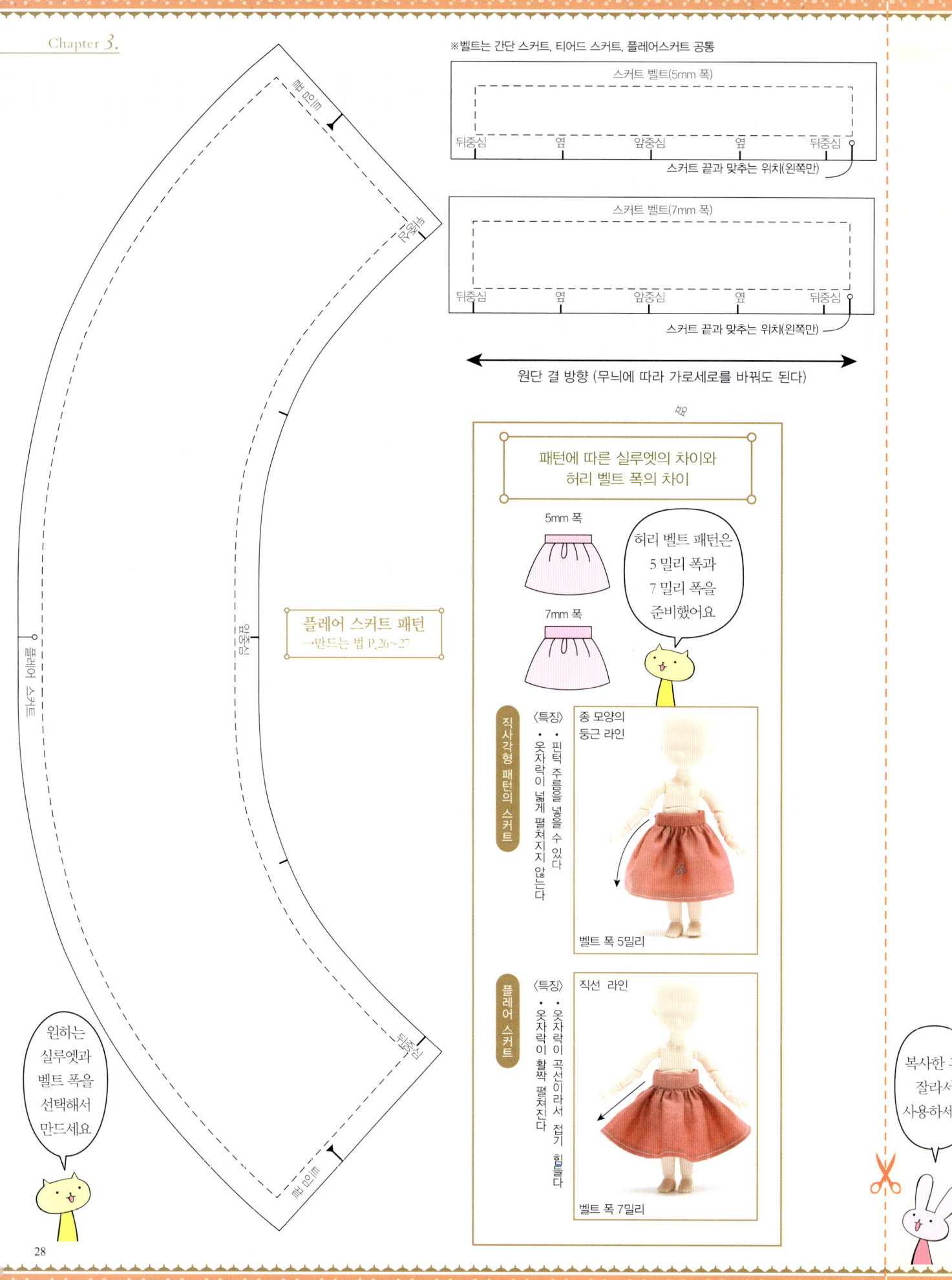

※벨트는 간단 스커트, 티어드 스커트, 플레어스커트 공통

스커트 벨트(5mm 폭)

뒤중심　　　옆　　　앞중심　　　옆　　　뒤중심

스커트 끝과 맞추는 위치(왼쪽만)

스커트 벨트(7mm 폭)

뒤중심　　　옆　　　앞중심　　　옆　　　뒤중심

스커트 끝과 맞추는 위치(왼쪽만)

원단 결 방향 (무늬에 따라 가로세로를 바꿔도 된다)

패턴에 따른 실루엣의 차이와
허리 벨트 폭의 차이

5mm 폭

7mm 폭

허리 벨트 패턴은
5 밀리 폭과
7 밀리 폭을
준비했어요

플레어 스커트 패턴
→만드는 법 P.26~27

직사각형 패턴의 스커트

〈특징〉
· 핀턱 주름을 넣을 수 있다
· 옷자락이 넓게 펼쳐지지 않는다

종 모양의
둥근 라인

벨트 폭 5밀리

플레어 스커트

〈특징〉
· 옷자락이 곡선이라서 접기 힘들다
· 옷자락이 활짝 펼쳐진다

직선 라인

벨트 폭 7밀리

원하는
실루엣과
벨트 폭을
선택해서
만드세요

복사한 후,
잘라서
사용하세요

Chapter 4.

플리츠 스커트
— SKIRT IV —

플리츠 스커트

(5mm 벨트로 설명)

밑단이 살짝 퍼지는 플리츠 스커트를 만들어 봅시다!

패턴을 사용해 플리츠를 접으면 편해요

1 → 패턴 P.32

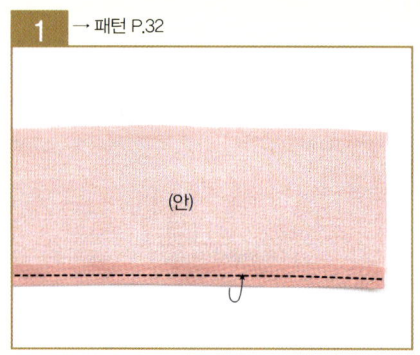

(안)

스커트 밑단을 접어서 박는다.

2

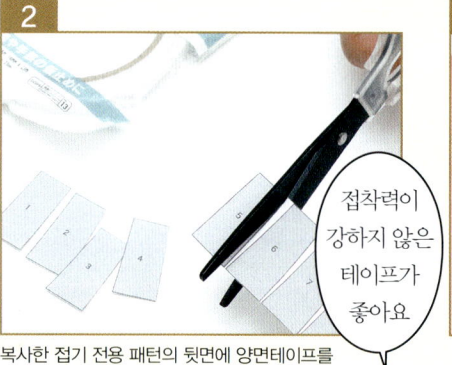

접착력이 강하지 않은 테이프가 좋아요

복사한 접기 전용 패턴의 뒷면에 양면테이프를 붙인 다음 잘라준다.

3

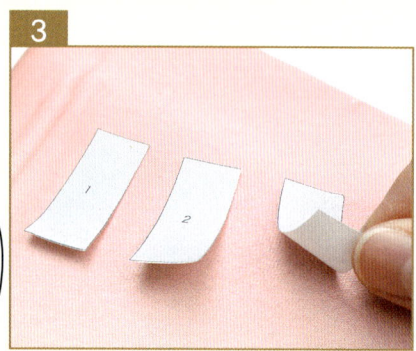

천에 붙였다 뗐다 몇 번을 해서 접착력이 약해지게 만들어 둔다.

플리츠 가이드(32페이지) 위에 밑단을 재봉한 스커트를 놓는다

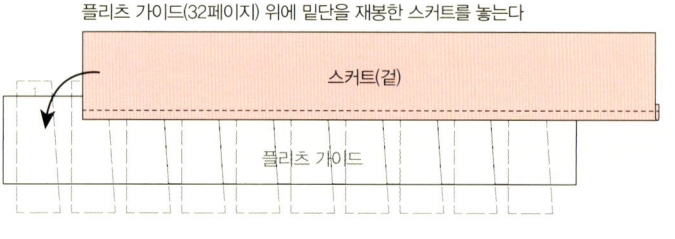

스커트(겉)

플리츠 가이드

※책 위에서 그대로 작업하는 것이 싫으면, 플리츠 가이드를 복사해서 사용해도 된다.

가이드에 맞춰서, 접기 전용 패턴을 스커트에 붙여나간다.
스커트 안쪽에 둥글게 만 마스킹테이프를 붙여서 고정해주면 미끄러지지 않는다.

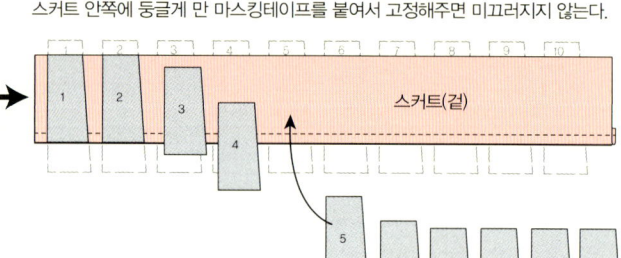

스커트(겉)

4

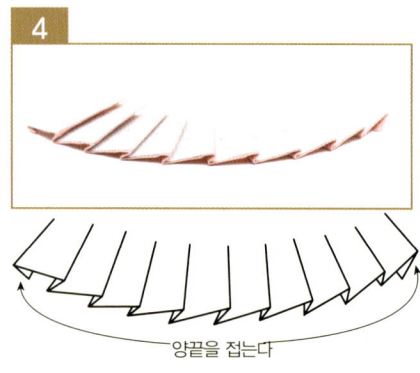

양끝을 접는다

가이드에 맞춰서 다리미로 플리츠를 접는다.
※양면테이프가 다리미의 열로 녹지 않는지 자투리 천에 미리 시험해 볼 것!

5

(겉)

플리츠가 망가지지 않게 조심하면서 접기 전용 패턴을 떼어내고, 양면테이프로 형태를 고정해둔다.

6

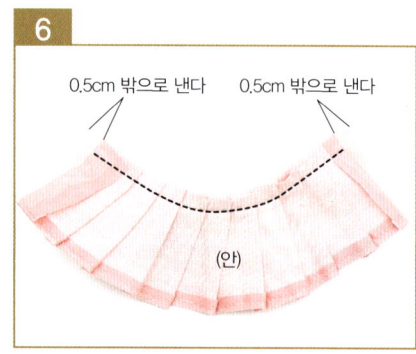

0.5cm 밖으로 낸다   0.5cm 밖으로 낸다

(안)

벨트(양끝을 0.5cm 밖으로 내어서)와 스커트를 겉끼리 마주대어 재봉해 합친다.

7

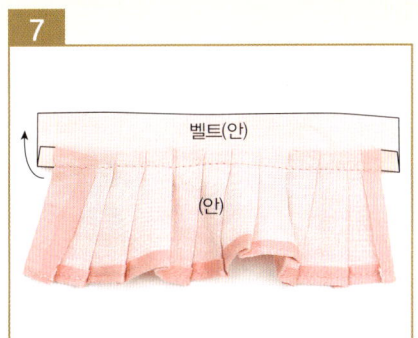

벨트를 위로 꺾어 올린다.

8

벨트의 양끝을 안으로 접는다.

9

이 부분을 재봉

시접을 감싸듯이 벨트를 안으로 접고, 겉쪽에서 벨트와 스커트의 이음매를 재봉한다.

10

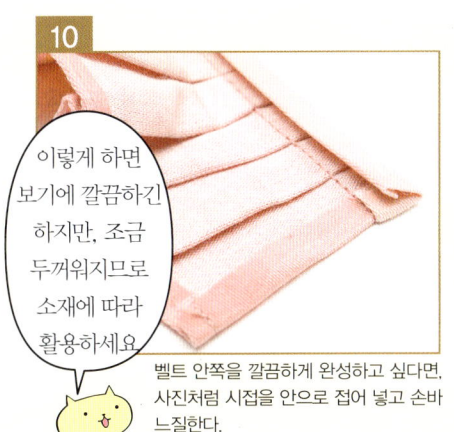

이렇게 하면 보기에 깔끔하긴 하지만, 조금 두꺼워지므로 소재에 따라 활용하세요

벨트 안쪽을 깔끔하게 완성하고 싶다면, 사진처럼 시접을 안으로 접어 넣고 손바느질한다.

11

뒤중심을 트임 끝 위치까지 박고, 시접을 가른다.

12

트임 부분에 스프링 후크와 실고리, 혹은 스냅 단추를 달아준다.

13

플리츠 스커트 완성.

타탄체크 원단으로 만들 때의 포인드입니다

시판 스커트를 참고해도 좋아요

제크 스커트에서 가장 두드러지는 무늬가 아래쪽에 있으면 무거워 보인다.

오호, 정말이네~

두드러지는 선을 밑단 근처보다 조금 위쪽에 배치하는 것이 경쾌해 보인다.

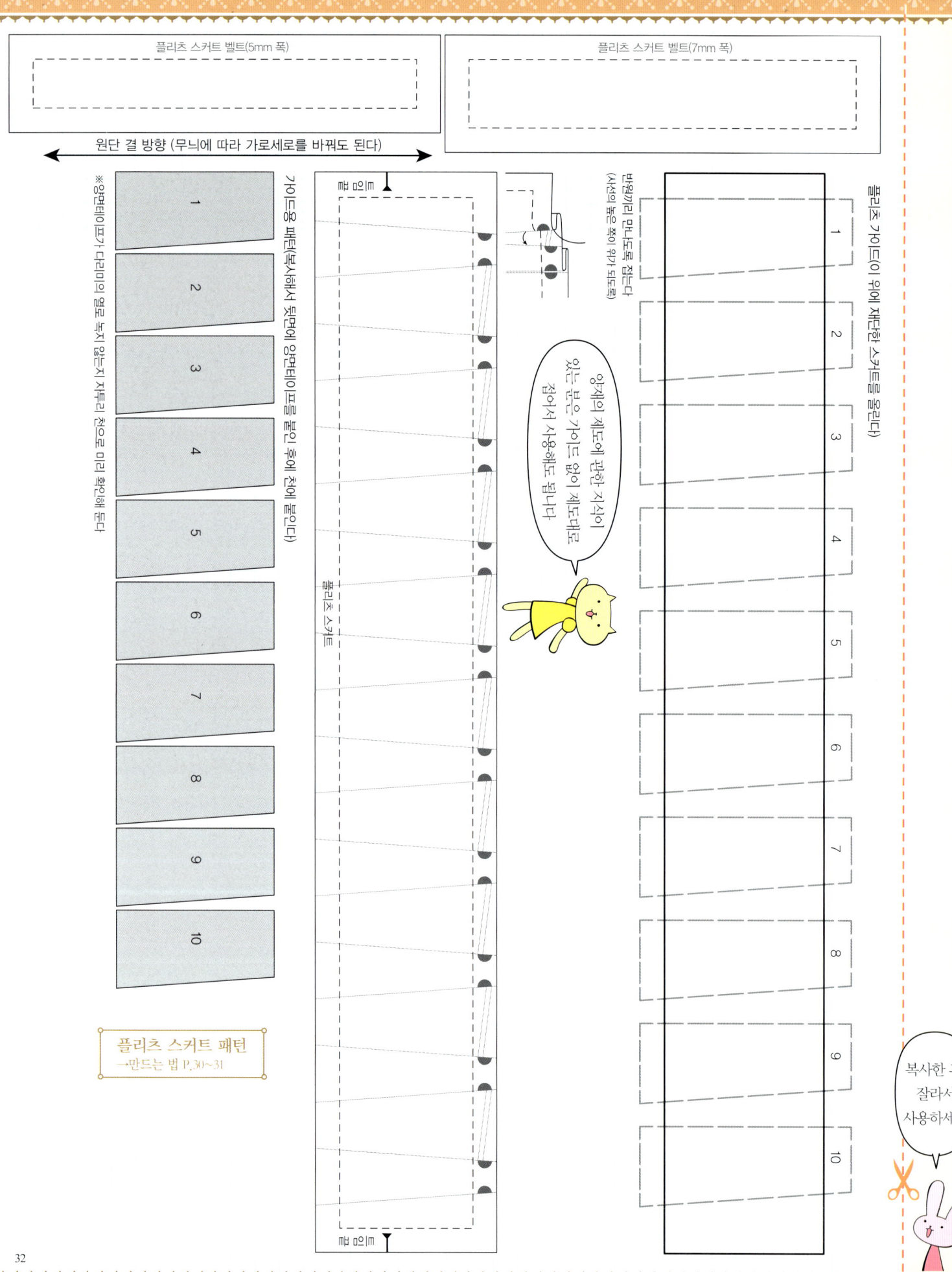

플리츠 스커트 벨트(5mm 폭)

플리츠 스커트 벨트(7mm 폭)

원단 결 방향 (무늬에 따라 가로세로를 바꿔도 된다)

※안면테이프가 다리미의 열로 녹지 않는지 자투리 천으로 미리 확인해 둔다

가이드용 패턴(복사해서 뒷면에 양면테이프를 붙인 후에 천에 붙인다)

양쪽의 제도에 관한 지시가 있는 부분 가이드는 없이 제도대로 접어서 사용해도 됩니다.

반원끼리 만나도록 접는다 (사선의 높은 쪽이 위가 되도록)

플리츠 가이드(이 위에 재단한 스카트를 올린다)

플리츠 스카트

플리츠 스카트 패턴
→만드는 법 P.30~31

복사한 후 잘라서 사용하세요

Chapter 5.

원피스
— DRESS —

실물 크기

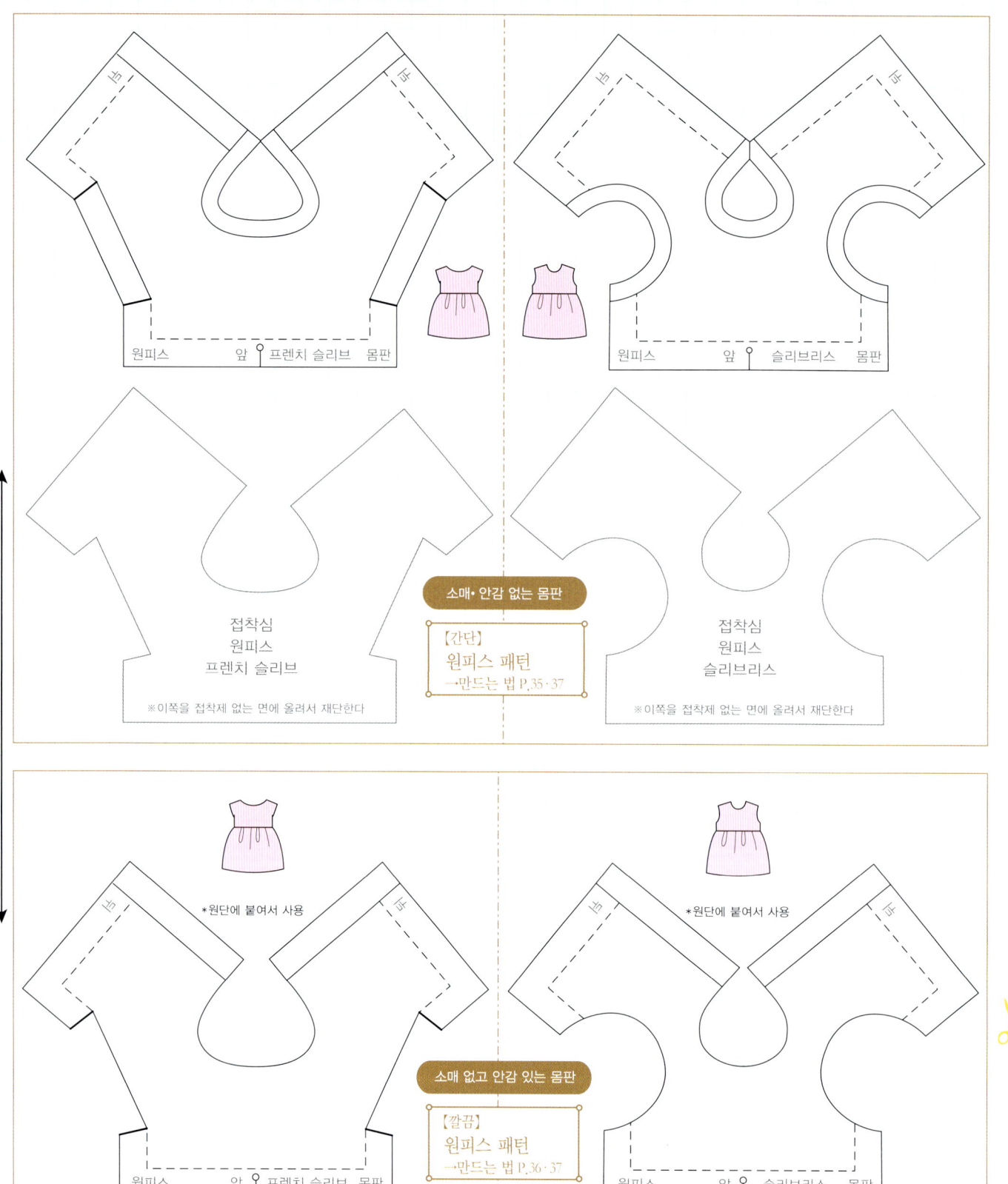

원단 결 방향(무늬에 따라 가로세로를 바꿔도 괜찮다)

원피스　앞 ⓦ 프렌치 슬리브 몸판

원피스　앞 ⓦ 슬리브리스 몸판

접착심
원피스
프렌치 슬리브

※이쪽을 접착제 없는 면에 올려서 재단한다

소매·안감 없는 몸판

【간단】
원피스 패턴
→만드는 법 P.35·37

접착심
원피스
슬리브리스

※이쪽을 접착제 없는 면에 올려서 재단한다

*원단에 붙여서 사용

*원단에 붙여서 사용

소매 없고 안감 있는 몸판

【깔끔】
원피스 패턴
→만드는 법 P.36·37

원피스　앞 ⓦ 프렌치 슬리브 몸판

원피스　앞 ⓦ 슬리브리스 몸판

복사한 ㅎ
잘라서
사용하세

칼라·소매 없는 원피스

몸판 만드는 법

몸판은 2 가지 방법으로 만들 수 있어요. [간단] 과 [깔끔] 중 좋은 쪽을 선택하세요!

아래는 소맷부리와 목둘레를 접는 간단한 방법입니다

→ 패턴 P.34

[간단] 접착심을 가이드로 쓰는 방법

1

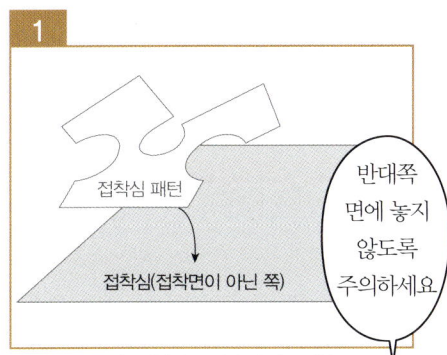

접착심 패턴

접착심(접착면이 아닌 쪽)

반대쪽 면에 놓지 않도록 주의하세요

접착심용 패턴을 접착되는 면이 아닌 쪽에 놓고 잘라준다.

2

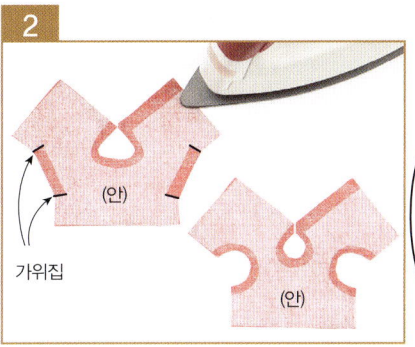

(안)

(안)

가위집

재단한 천의 안쪽 면에 접착심을 올리고, 다림질로 붙여 준다.

3

(안)

플라스틱 포크를 뼈인두 대신 사용하면 좋아요

곡선 부분과 프렌치 슬리브의 겨드랑이 아래쪽에 가위집을 넣는다. 접착심을 가이드 삼아 목둘레와 진동둘레 시접을 원단용 접착제로 붙인다.

4

(겉)

(안)

마스킹테이프를 붙여, 그것을 가이드 삼아 재봉

완성선을 펜으로 그려도 되지만, 마스킹테이프도 편리해요!

옆선을 박는다. 이때 0.5cm폭으로 자른 마스킹테이프를 붙여서 가이드로 삼으면 편하다.

5

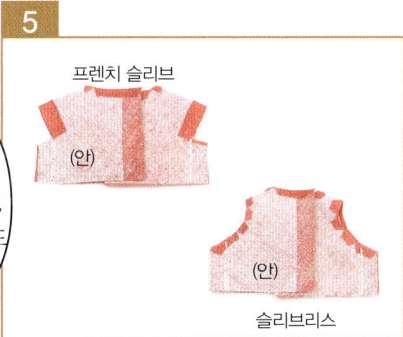

프렌치 슬리브

(안)

(안)

슬리브리스

칼라·소매 없는 원피스의 몸판 완성.

패턴은 소매가 있는 것, 없는 것의 2 종류입니다

모양이 비슷하므로 주의해 주세요

잘못해서 소매 있는 패턴으로 만들어 버리면 진동둘레가 너무 넓어진다

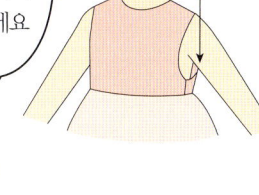

목둘레는 원하는 디자인으로 변형해도 괜찮아요

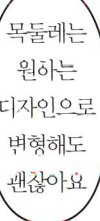

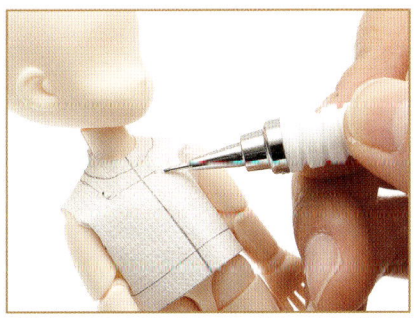

키친타올 등에 패턴을 베낀 다음, 인형 보디에 입혀서 원하는 네크라인을 그려준다.

스퀘어 넥

보트 넥

브이 넥

레이스를 덧댐

중급자 분들은 자신만의 디자인에 도전해 보세요

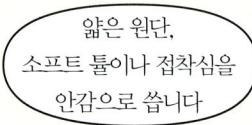 

얇은 원단,
소프트 튤이나 접착심을
안감으로 씁니다

[깔끔] 접착심이나 부직포를 안감으로 쓰는 방법

1 → 패턴 P.34

원단의 결
방향을 맞춰서
패턴을
올려주세요

패턴 뒤에 마스킹테이프나 양면테이프를 붙여서, 원단 안쪽 면에 붙여준다. 원단은 주변에 여분이 많도록 재단한다.

2

접착심은 접착면이
위로 가게 놓는다

안감은
얇은 소재를
사용하세요

원단 겉쪽에 접착심(또는 론지나 튤 원단)을 겹쳐서, 목둘레와 진동둘레를 박는다. (사진은 접착심과 소프트 튤 사용)

3

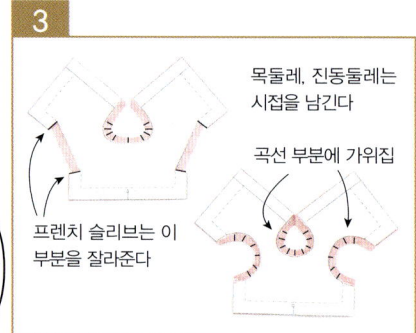

목둘레, 진동둘레는
시접을 남긴다

곡선 부분에 가위집

프렌치 슬리브는 이
부분을 잘라준다

진동둘레, 목둘레 시접은 0.3cm를 남기고 잘라서 가위집을 넣는다. 밑단과 옆선은 패턴 그대로 잘라준다.

4

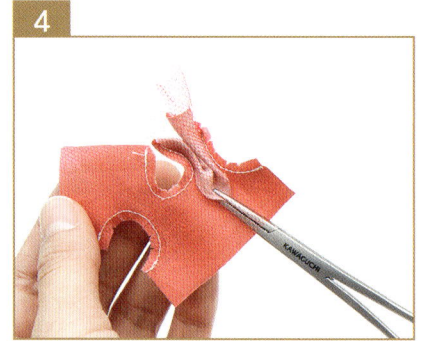

패턴을 떼어내고 가장자리에 올풀림 방지액을 꼼꼼히 바른다. 완전히 마르면, 찢어지지 않도록 주의하면서 겉으로 뒤집는다. 겸자를 사용하면 작업이 쉽다.

5

다림질로 모양을 정돈한다. 접착심은 완전히 붙여준다.

6

0.5cm 폭의 마스킹테
이프를 가이드 삼아
박으면 좋다

겉과 겉이
안쪽으로
들어가게
겹치면 됩니다

몸판을 겉끼리 마주대어 옆선을 박는다. 이 때 0.5cm 폭으로 자른 마스킹테이프를 붙여, 이를 가이드 삼으면 좋다.

편리한 도구

DUO 마카 가는 심 & 전용 지우개 펜

샤프펜슬

소우라인 시리즈
원단에 가는 선을 그릴 때 좋다. 마카는 쉽게 지워지지 않지만, 지우개 펜을 사용하면 잘 지워진다.

원단용 접착제
많은 인형옷 제작자에게 사랑받는 접착제. 특히 스틱 타입은 원단 겉면에 표시가 나지 않는다. 뼈인두와 함께 사용하면 섬세한 부분도 바르기 쉽다.

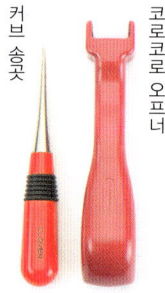

커브 송곳

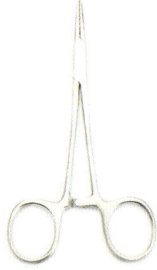

코로코로 오프너

코로코로 오프너
다림질까지는 필요 없을 때, 시접을 가르고 접는 선을 표시할 때 편리하다.

커브 송곳
앞부분이 휘어 있는 송곳. 둥근 칼라 등, 곡선 부분을 겉으로 뒤집을 때 편리.

겸자
작은 파츠를 겉으로 뒤집을 때 매우 편리. 양재용으로 나온 작은 겸자를 추천.

스커트 다는 방법

슬리브리스·소매와 킬라 있음·
라그란 슬리브 공통

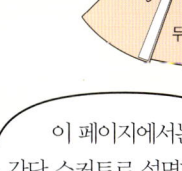

뒤 전체 트임

2 종류의 트임
방법을 소개합니다

트임 끝 위치까지 재봉

직사각형 패턴 스커트,
티어드 스커트, 플레어
스커트 모두 순서는 같아요

이 페이지에서는
간단 스커트로 설명합니다

1 → 패턴 P.17·21·28

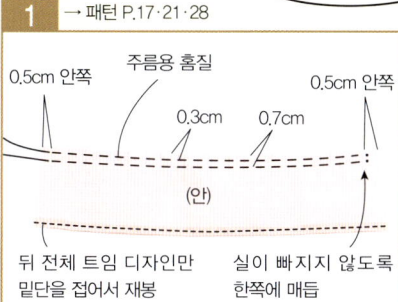

0.5cm 안쪽 / 주름용 홈질 / 0.3cm / 0.7cm / 0.5cm 안쪽 / (안) / 뒤 전체 트임 디자인만 밑단을 접어서 재봉 / 실이 빠지지 않도록 한쪽에 매듭

허리 양끝에서 0.5cm 안쪽으로 주름 홈질을 2줄 해준다. (위에서 0.3cm, 0.7cm 정도) 나중에 당겨서 주름을 잡아야 하므로, 한쪽만 매듭을 짓는다.

2

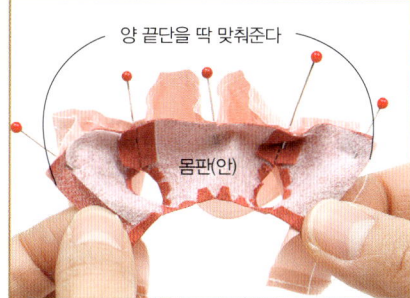

양 끝단을 딱 맞춰준다 / 몸판(안)

스커트와 몸판을 겉끼리 마주대어 양쪽 끝단, 옆중심, 앞 중심의 만남 표시를 맞춰준다.

3

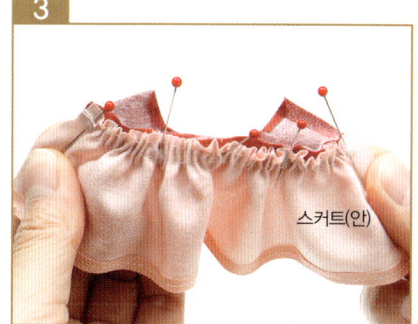

스커트(안)

실을 당겨서 주름을 잡는다.

4

몸판(안) / 스커트(겉)

허리 라인을 박는다.

5

시접을 위로 꺾는다. 재봉틀을 사용할 경우, 이음매 옆에 상침 재봉해주면 좋다.

6 전체 트임의 경우

이쪽만 시접을 0.5cm 접는다 / 전체 트임의 경우, 허리 부분에서 벨크로를 분할해주면 좋다

벨크로를 접착제로 임시 고정해 놓으면 편해요

전체 트임의 경우, 오른쪽 몸판의 시접을 안쪽으로 접어, 0.5cm 폭으로 자른 벨크로를 재봉해 붙인다.

7 뒤중심을 재봉하는 경우

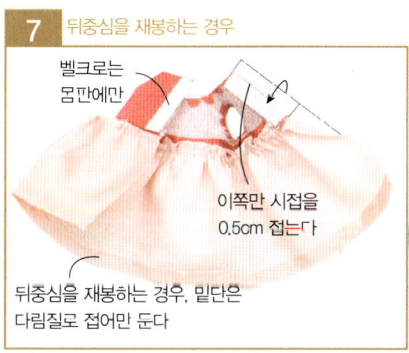

벨크로는 몸판에만 / 이쪽만 시접을 0.5cm 접는다

뒤중심을 재봉하는 경우, 밑단은 다림질로 접어만 둔다

뒤중심을 재봉하는 경우, 몸판 부분에만 벨크로를 접착제로 임시 고정한다. 스커트 밑단은 재봉하지 않고 다림질로 접어 둔다.

8 뒤중심을 재봉하는 경우

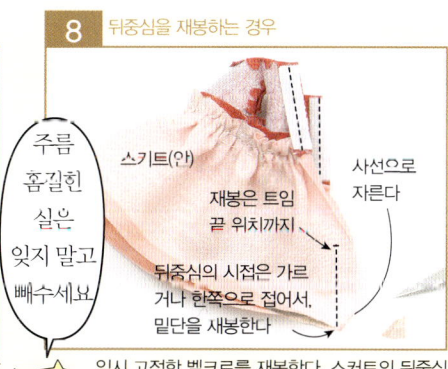

스커트(안) / 재봉은 트임 끝 위치까지 / 사선으로 자른다 / 뒤중심의 시접은 가르거나 한쪽으로 접어서, 밑단을 재봉하나

주름 홈길힌 실은 잊지 말고 빼주세요

임시 고정한 벨크로를 재봉한다. 스커트의 뒤중심을 트임 끝 위치까지 재봉하고, 시접 모서리를 잘라낸다. 뒤중심의 시접은 가르거나 한쪽으로 접어서, 밑단을 빙 둘러 재봉한다.

9

원피스 완성.

소매 패턴지
원피스·블라우스·세일러복 공통
→만드는 법 P.42~44

반소매　긴소매

긴소매 (커프스 있음)

소매는 2장씩 재단해 주세요!

긴소매*　(커프스 없음)

긴소매*　(커프스 있음)

반소매*　(커프스 없음)

긴소매 커프스*

※좌우가 같거나 좌우가 단지 반전만 되어 있는 패턴은 ✱ 표시를 했다.

진동둘레의 주름은 여기까지

퍼프 슬리브 반소매*

퍼프 슬리브 반소매

퍼프 슬리브 반소매　커프스*

진동둘레의 주름은 여기까지

줄리엣 슬리브上*

줄리엣 슬리브下*

줄리엣 슬리브

원단 결 방향

소맷부리 퍼프 긴소매*

소맷부리 퍼프 긴소매

소맷부리 퍼프 긴소매　커프스*

진동둘레의 주름은 여기까지

퍼프 슬리브 긴소매*

퍼프 슬리브 긴소매

퍼프 슬리브 긴소매　커프스*

복사한 후, 잘라서 사용하세요

※좌우가 같거나 좌우가 단지 반전만 되어 있는 패턴은 * 표시를 했다.

시접을 0.3cm로 했을 때는 회색 선으로 재단한다

원피스 패턴지
소매·칼라 있음
→만드는 법 P.40~45

소매·칼라 있는 몸판

원피스 목둘레 접착심

소매 패턴→P.38·39

원피스 스탠드칼라

※원단에 붙여서 사용

원피스(소매·칼라 있음) 앞 몸판

원단 결 방향

래글런 앞

래글런 왼쪽뒤*

래글런 오른쪽 뒤*

접는다

래글런 슬리브

래글런 소매*

모델: HJ x OB 「TYROL」
가발: 쁘띠호른(화이트 블론드)

래글런 슬리브에 플레어스커트를 2 중으로 민든 원피스예요. 안쪽 스커트엔 레이스를 달았어요

복사한 후, 잘라서 사용하세요

소매 패턴지
원피스·블라우스·세일러복 공통
→만드는 법 P.42~45

약식 퍼프 슬리브

골선

7x7cm로 자른 원단을 반으로 접어서 재단 한디

진동둘레이 주름은 여기까지

접는다

약식 퍼프 슬리브 소매*

골선

약식 퍼프 슬리브용 원단(7x7cm)

39

둥근 칼라 만들기 • 다는 방법

(목둘레 시접은 0.3cm로 설명)

작은 인형의 칼라를 만들 때마다 삐뚤어져요

재봉선을 그리는 수고를 하지 않고도 정확히 재봉할 수 있는 방법이 있어요!

1 → 패턴 P.39

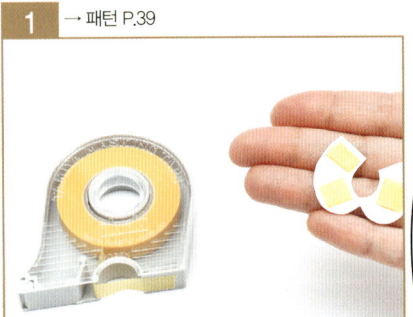

칼라 패턴 뒤에 마스킹테이프나 양면테이프를 붙인다. (양면테이프는 원단에 뗐다 붙였다 해서 접착력을 줄여준다.)

2

겉감이 두껍다면, 안감은 면 론 등 얇은 것을 사용하세요

(안)

2겹이 된 상태

가로 5cm, 세로 9cm로 자른 원단 2장을 겉끼리 마주대어 겹쳐준다. 패턴을 원단에 붙여, 그것을 가이드 삼아 재봉한다.

3

V 자로 가위집을 넣으면 곡선 부분이 매끈해져요

곡선 부분에 V자 형태로 가위집을 넣는다

가장자리 시접을 0.3cm 정도 남기고 자른다. 목둘레는 패턴대로 잘라준다. 시접에 올풀림 방지액을 꼼꼼히 발라둔다.

4

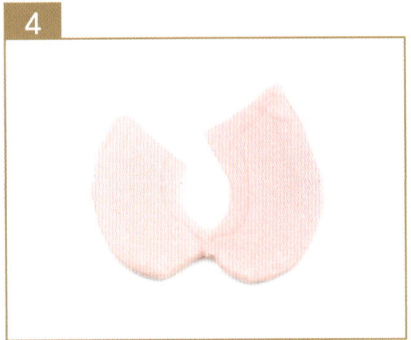

칼라를 겉으로 뒤집어서 다림질로 모양을 정돈한다.

5

이쪽만 0.5cm 안쪽으로 맞춘다

(겉)

몸판 겉쪽에 칼라를 올리고 시침핀으로 고정한다. 칼라의 한쪽 끝은 0.5cm 안쪽으로 맞춘다.

6

접착면이 위로 가게 놓는다

(겉)

손바느질로 임시 고정하는 것을 시침질이라고 합니다

칼라 위에 접착심을 놓고 시침핀으로 고정한다. 시침핀 때문에 재봉이 힘들다면, 완성선에서 살짝 바깥쪽에 시침질을 해놓아도 좋다.

7

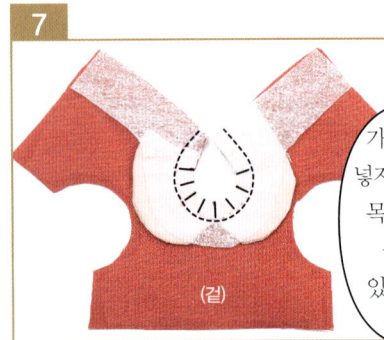

(겉)

가위집을 넣지 않으면 목둘레가 울 수 있으므로 주의!

목둘레를 재봉한다. 시접을 0.5cm로 작업할 경우엔 시접이 0.3cm가 되게 잘라준다. 시접의 곡선 부분에 가위집을 넣는다.

8

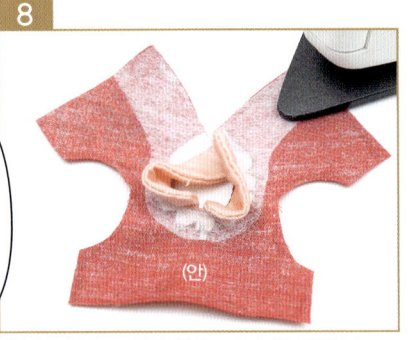

(안)

접착심을 안쪽으로 뒤집어 넣고, 다리미로 접착한다.

앞

뒤

오른쪽 시접은 0.5cm 안으로 접는다

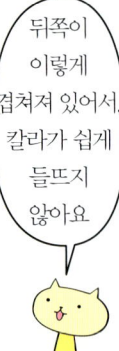

뒤쪽이 이렇게 겹쳐져 있어서, 칼라가 쉽게 들뜨지 않아요

스탠드 칼라 만들기 • 다는 방법

(목둘레 시접은 0.3cm로 설명)

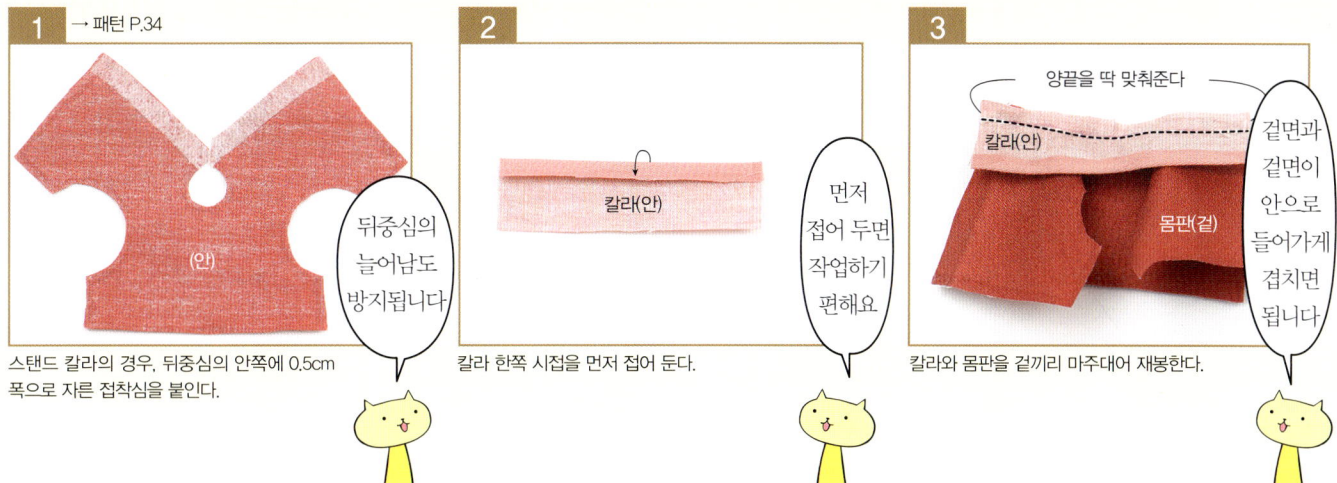

1 → 패턴 P.34

(안)

뒤중심의 늘어남도 방지됩니다.

스탠드 칼라의 경우, 뒤중심의 안쪽에 0.5cm 폭으로 자른 접착심을 붙인다.

2

칼라(안)

먼저 접어 두면 작업하기 편해요

칼라 한쪽 시접을 먼저 접어 둔다.

3

양끝을 딱 맞춰준다

칼라(안)

몸판(겉)

겉면과 겉면이 안으로 들어가게 겹치면 됩니다

칼라와 몸판을 겉끼리 마주대어 재봉한다.

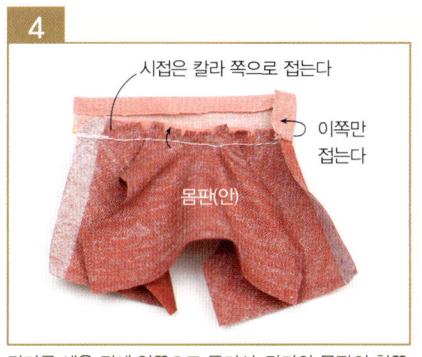

4

시접은 칼라 쪽으로 접는다

이쪽만 접는다

몸판(안)

칼라를 세운 뒤에 안쪽으로 돌려서, 칼라와 몸판의 한쪽 단만 접어준다.

5

몸판(안)

시접을 감싸듯이 안으로 접어 넣고, 목둘레를 감침질한다. 또는 접착제로 붙여준다.

6

스탠드 칼라 완성.

간단하게 작업하려면 접착심 없이 시접을 접착제로 붙이면 되지만, 접착심을 사용하면 안쪽 면이 훨씬 깔끔하게 마감된다

접착심 대신 튤이나 다른 원단을 목둘레에 써도 괜찮을까요?

물론이죠! 단, 원단을 사용할 때는 원단 두께에 신경 써야 해요

튤 원단은 접착이 안 되고 흐르르하니까, 재봉틀로 목둘레 바로 옆을 재봉해두면 좋아요

토이크로스

칼라의 형태를 변형해도 좋다

칼라 만들기가 어려운 초보자라면, 토이크 로스처럼 올이 안 풀리는 원단을 선택한다

토이크로스는 시판 인형옷의 칼라 재료로도 사용됩니다

소매 만드는 방법

원피스·블라우스·세일러복 공통

→ 패턴 P.38·39

소매는 여러 종류가 있어요. 마음에 드는 것을 선택하세요!

패턴과 만드는 방법은 원피스·블라우스·세일러복 공통입니다

기본 소매·커프스 있는 소매

주름이 없는 심플한 소매 입니다

1

커프스 있음　커프스 없음

(겉)

(겉)

커프스(겉)

반으로 접기

커프스 없는 소매는 소맷부리를 접어 박는다. 커프스는 반으로 접어준다.

2

(겉)

골선이 되는 쪽

소맷부리에 커프스를 겹쳐서 재봉한다. 시접은 0.3cm 정도가 되게 잘라서 올풀림 방지액을 바른다.

3

(겉)

커프스의 시접을 소매 쪽으로 꺾고, 시접 부분을 다림질한다.

퍼프 슬리브

부풀린 모양의 귀여운 소매 입니다

1

소매산의 주름 위치에 각각 홈질을 한다

커프스(겉)

반으로 접는다

소맷부리는 양끝 0.5cm 안쪽에 주름 홈질

커프스를 반으로 접는다. 소매산은 주름 위치에, 소맷부리는 양끝 0.5cm 안쪽에 주름 홈질을 해준다. (소매산에 주름이 없는 소매는 소맷부리 쪽만)

2

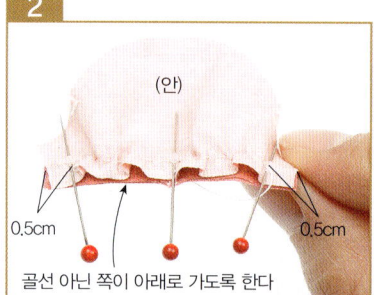

(안)

0.5cm　　0.5cm

골선 아닌 쪽이 아래로 가도록 한다

소맷부리에 커프스의 양끝과 중심 위치를 시침핀으로 고정한 후, 주름을 잡아준다. 주름이 느슨해지지 않도록 실의 매듭을 지어둔다.

3

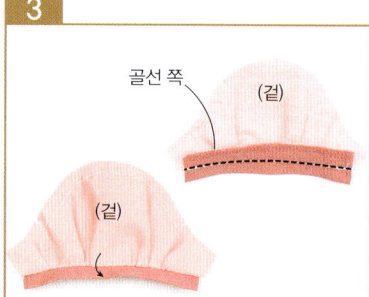

골선 쪽

(겉)

(겉)

소맷부리를 재봉한다. 시접은 0.3cm 정도 되게 잘라서 올풀림 방지액을 바른다. 커프스 시접을 소매 쪽으로 꺾고, 주름 홈질한 실을 뽑는다.

약식 퍼프 슬리브

커프스 없는 퍼프 슬리브 예요

1

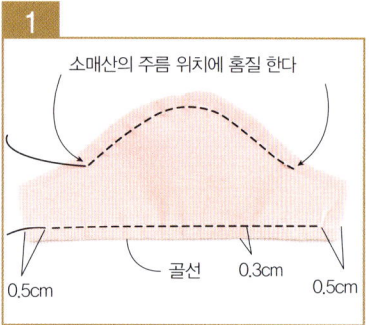

소매산의 주름 위치에 홈질을 한다

골선　0.3cm

0.5cm　　　　0.5cm

소매산은 주름 위치에, 소맷부리는 양끝 0.5cm 안쪽에 주름 홈질을 해준다.

2

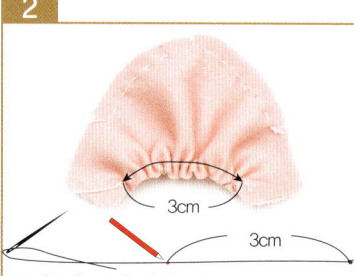

3cm

3cm

소맷부리 주름용 실에 표시를 해두고, 그 위치에서 매듭을 지으면 정확히 줄일 수 있다

소맷부리의 주름 분량이 3cm 정도 되도록 실을 당겨 줄여준다.

3

주름 부분이 움직이거나 풀리지 않도록 마스킹테이프로 고정한 다음, 그 위를 박아준다. 또는 손바느질로 시침질해서 고정해도 좋다.

줄리엣 슬리브

퍼프 슬리브가 달린 긴 소매 입니다

1

소매산의 주름 위치에 주름 홈질

(안)

재봉해 합친다

0.5cm   (안)   0.5cm

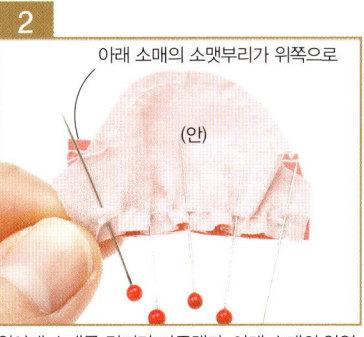

2

아래 소매의 소맷부리가 위쪽으로

(안)

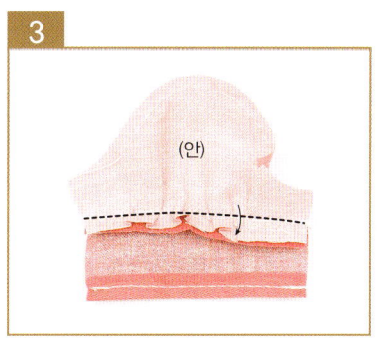

3

(안)

퍼프 슬리브의 소매산과 하단에 주름 홈질을 해준다. 아래 소매의 소맷부리를 접어 재봉한다. (이때 소맷부리에 레이스를 달아도 예쁘다.)

위아래 소매를 겉끼리 마주댄다. 아래 소매의 양옆, 중심을 시침핀으로 고정하고 주름을 잡아준다.

퍼프 슬리브와 아래 소매를 재봉해 합치고, 시접은 아래로 꺾어준다. 주름 홈질한 실은 뽑는다.

소매 다는 방법

(진동둘레 시접은 0.3cm로 설명)

기본적인 순서는 원피스·블라우스· 세일러복 모두 같아요

1

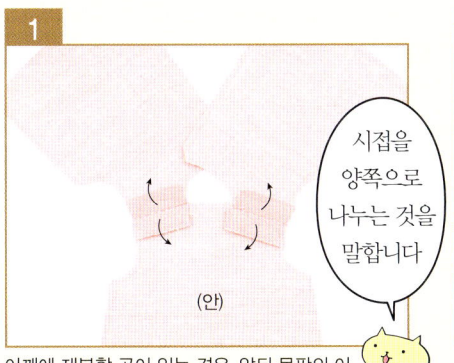

(안)

시접을 양쪽으로 나누는 것을 말합니다

어깨에 재봉할 곳이 있는 경우, 앞뒤 몸판의 어깨를 재봉하고 시접을 가른다.

2

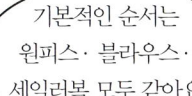

소매(안)

몸판(겉)

소매산의 주름을 잡기 전에, 소매와 몸판을 겉끼리 마주 대어 시침핀으로 고정한다.

3

주름 홈질

소매(안)

몸판(겉)

시침핀으로 고정한 뒤에 실을 당겨서 주름을 잡아준다.

4

시접 부분은 재봉하지 않는다

소매(안)

몸판(겉)

어려우며 전체를 재봉하고, 옆에 가위집을 넣어도 좋이요

진동둘레를 재봉한다. 양끝의 시접 부분은 재봉하지 않는다. (재봉하지 않은 부분이 가위집 역할을 해서 모양이 예쁘게 잡힌다.)

소매산에 주름이 없는 소매

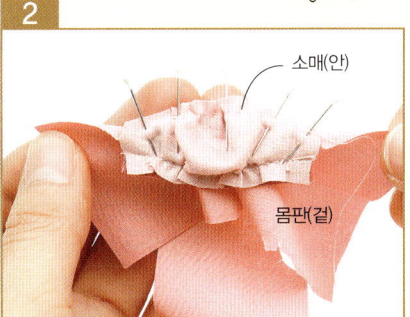

소매(안)   몸판(겉)

진동둘레 전체를 시침핀으로 고정한다.

양쪽 시접 부분은 재봉하지 않는다

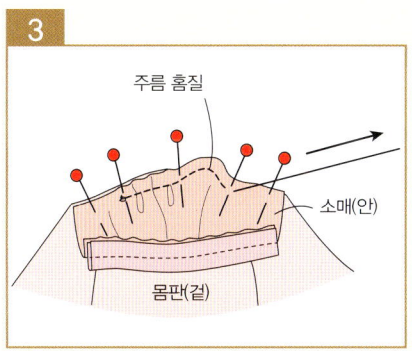

몸판(안)   소매(안)

주름만 없을 뿐, 순서는 같습니다

진동둘레를 재봉한다. 단, 양끝의 시접 부분은 재봉하지 않는다.

5

소매(안)

몸판(안)

앞판과 뒤판을 겉끼리 마주대 주세요

주름 홈질을 한 실을 뽑는다. 겨드랑이 아래의 시접을 가르고, 겉끼리 마주대어 소매 아래~옆선을 재봉한다.

6

몸판(안)

시접을 좌우 양쪽으로 나누는 것을 말해요

소매 아래와 옆선의 시접을 다림질로 꼼꼼히 갈라준다.

7

겉으로 뒤집는다. 소매산에 주름이 있는 소매는 시접을 소매 쪽으로 꺾느냐 몸판 쪽으로 꺾느냐에 따라 부푼 모양이 달라진다. 취향에 따라 선택한다.

편리한 아이템

칼라와 소매 달기처럼 섬세한 부분은

이런 작은 시침핀이 편리해요!

일반적 크기의 시침핀

APPLIQUE PIN
CLOVER

작은 시침핀

어려운 부분은 무리하지 말고 손바느질 해주는 것도 실력이죠

이렇게 임시로 손바느질해 두는 것을 양재용어로 시침질이라고 한다

재봉선 조금 바깥쪽에 시침질

재봉선

시침핀이 방해가 돼서 진동둘레를 재봉틀로 박는 것이 힘들다면

재봉선 조금 바깥을 시침질해서 임시 고정해 주세요

소매 아래의 시접을 다림질로 갈랐더니 소매 전체가 눌려서 납작해져 버렸어요

이런 도구를 사용하면 편리해요!

아이스바의 나무 막대기에 펠트를 붙인다

막대기를 소매에 끼우고 다려주면 시접을 확실히 가를 수 있다.

래글런 슬리브 다는 법

퍼프 슬리브 모양이
예쁘게 되지 않아요~

아무리 해도
퍼프 슬리브가 힘들다면,
래글런 슬리브에
도전해 보세요

1 → 패턴 P.39

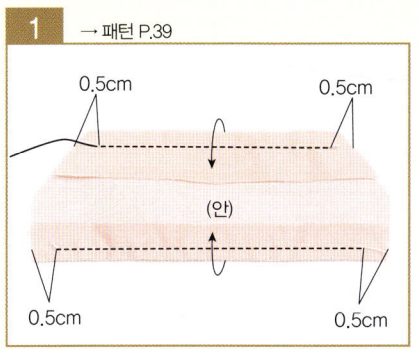

소매 패턴의 위아래를 접고, 끝에서 0.5cm씩을 남기고
주름 홈질을 한다. 한쪽 끝에는 확실히 매듭을 지어준다.

2

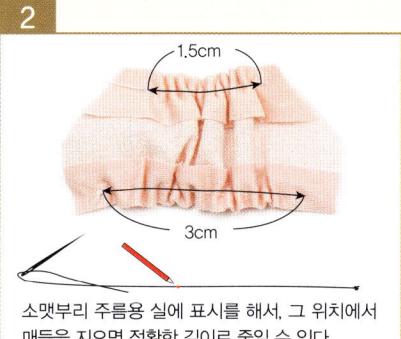

소맷부리 주름용 실에 표시를 해서, 그 위치에서
매듭을 지으면 정확한 길이로 줄일 수 있다.

소매산 주름이 1.5cm, 소맷부리 주름이 3cm 정도 되도
록 줄여서 매듭을 짓는다.

3

마스킹
테이프로
고정하면
가이드도 되고
늘어남도
방지됩니다

주름이 움직이지 않도록 주름 위를 재봉틀로 재봉
해두거나 시침질을 해서 임시 고정한다.

4

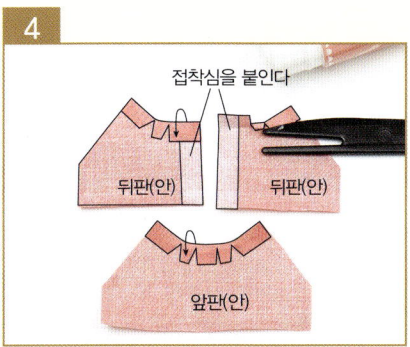

접착심을 붙인다

뒤판(안)   뒤판(안)

앞판(안)

뒤중심 쪽의 시접을 보강하기 위해 접착심을 붙인다. 앞
뒤 몸판의 윗부분(목둘레) 시접을 접어 접착제로 고정한
다. 또는 재봉틀로 박아도 된다.

5

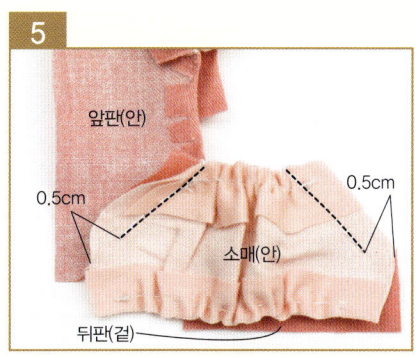

앞판(안)

0.5cm   0.5cm

소매(안)

뒤판(겉)

소매와 몸판을 재봉해 합친다. 이때 겨드랑이 아래의 시
접 0.5cm는 재봉하지 않는다. (전체를 재봉한 뒤, 가위집
을 넣어도 된다.)

6

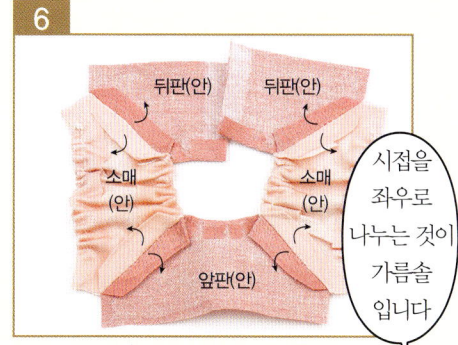

뒤판(안)   뒤판(안)

소매
(안)   소매
(안)

앞판(안)

시접을
좌우로
나누는 것이
가름솔
입니다

시접을 가른다. (보통은 어깨 쪽으로 꺾지만,
두께를 줄이기 위해 가름솔을 했다.)

7

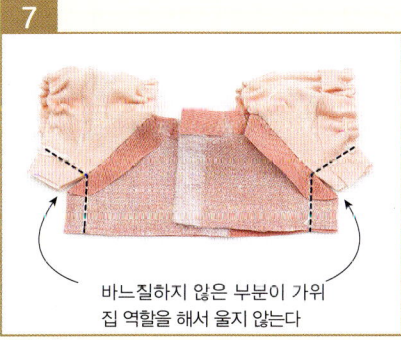

바느질하지 않은 부분이 가위
집 역할을 해서 울지 않는다

앞판·뒤판을 겉끼리 마주대어 소매 아래~옆선을 재봉
한다.

8

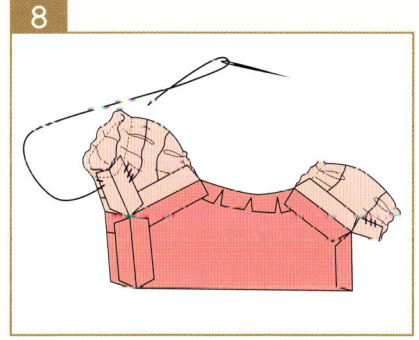

소매 아래~옆선의 시접을 가른다. 소맷부리의 시접이
고정되도록 감침질하거나 접착제로 붙여두면 옷 입힐 때
좋다.

9

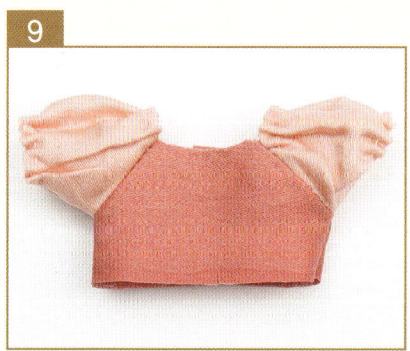

래글런 소매 완성.

Chapter 6.

블라우스·세일러복
— BLOUSE / SAILOR —

실물 크기

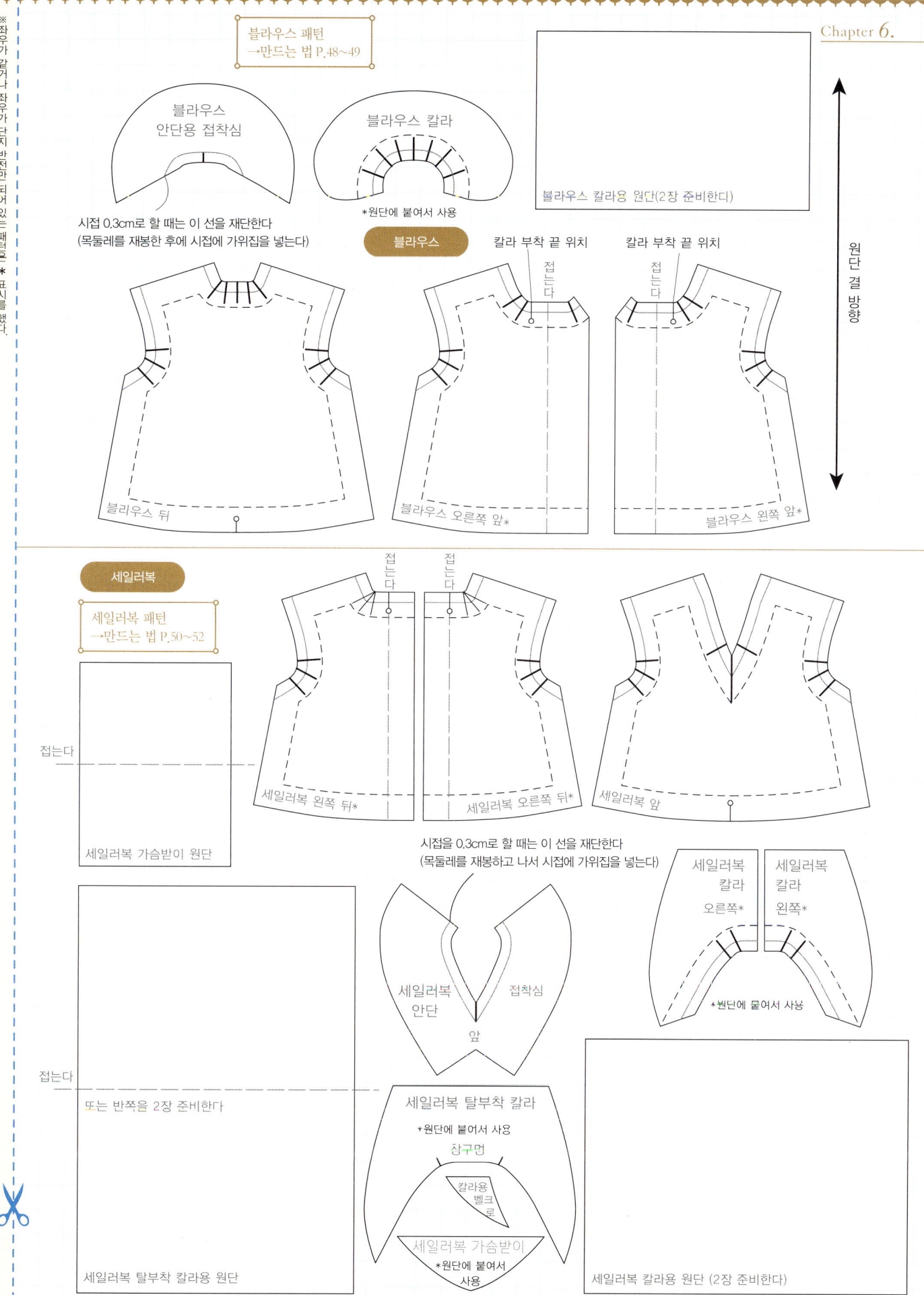

※ 좌우가 같거나 좌우가 단지 반전만 되어 있는 패턴은 * 표시를 했다.

복사한 후, 잘라서 사용하세요

블라우스 패턴
→만드는 법 P.48~49

블라우스 안단용 접착심

블라우스 칼라

블라우스 칼라용 원단(2장 준비한다)

원단 결 방향

시접 0.3cm로 할 때는 이 선을 재단한다
(목둘레를 재봉한 후에 시접에 가위집을 넣는다)

*원단에 붙여서 사용

블라우스

칼라 부착 끝 위치

칼라 부착 끝 위치

접는다

접는다

블라우스 뒤

블라우스 오른쪽 앞*

블라우스 왼쪽 앞*

세일러복

세일러복 패턴
→만드는 법 P.50~52

접는다

접는다

세일러복 가슴받이 원단

또는 반쪽을 2장 준비한다

접는다

접는다

세일러복 왼쪽 뒤*

세일러복 오른쪽 뒤*

세일러복 앞

시접을 0.3cm로 할 때는 이 선을 재단한다
(목둘레를 재봉하고 나서 시접에 가위집을 넣는다)

세일러복 칼라
오른쪽*

세일러복 칼라
왼쪽*

세일러복 안단

접착심

앞

*원단에 붙여서 사용

세일러복 탈부착 칼라

*원단에 붙여서 사용

창구멍

칼라용 벨크로

세일러복 가슴받이

*원단에 붙여서 사용

세일러복 탈부착 칼라용 원단

세일러복 칼라용 원단 (2장 준비한다)

블라우스

(목둘레, 진동둘레 시접은
0.3cm로 설명)

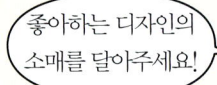
좋아하는 디자인의
소매를 달아주세요!

---

1 → 패턴 P.47

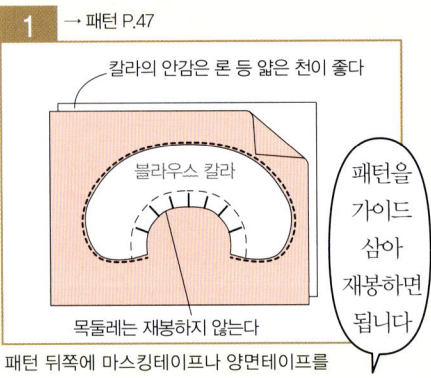

칼라의 안감은 론 등 얇은 천이 좋다

블라우스 칼라

목둘레는 재봉하지 않는다

패턴을 가이드 삼아 재봉하면 됩니다

패턴 뒤쪽에 마스킹테이프나 양면테이프를
붙인다. 칼라용 겉감·안감을 겉끼리 마주대어
패턴을 붙이고 재봉한다.

2

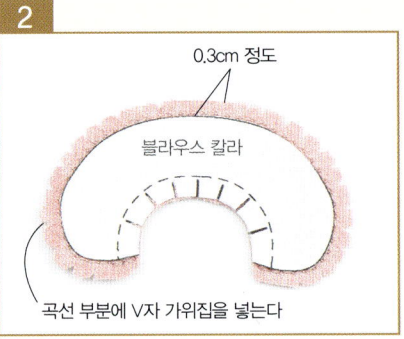

0.3cm 정도

블라우스 칼라

곡선 부분에 V자 가위집을 넣는다

가장자리의 시접을 0.3cm 정도 남기고 자른다. 목둘레는
패턴대로 자른다. 시접에 올풀림 방지액을 발라 둔다.

3

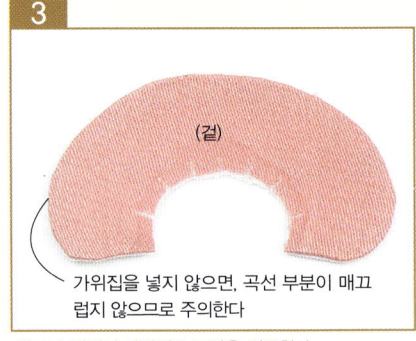

(겉)

가위집을 넣지 않으면, 곡선 부분이 매끄
럽지 않으므로 주의한다

겉으로 뒤집어 다림질로 모양을 정돈한다.

4

뒤판(겉)

시접 부분은
재봉하지 않음

앞판(안)

앞뒤 몸판을 겉끼리 마주대어 어깨를 재봉한다. 목둘레
쪽은 재봉하지 않는다. (재봉하지 않은 부분이 가위집 역
할을 한다.)

5

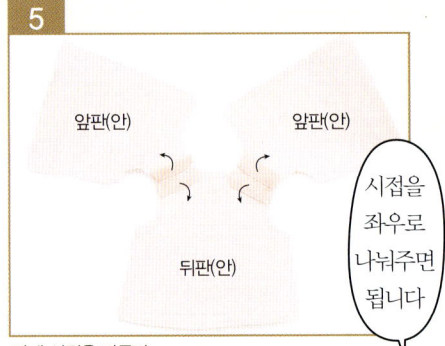

앞판(안)   앞판(안)

뒤판(안)

시접을
좌우로
나눠주면
됩니다

어깨 시접을 가른다.

6

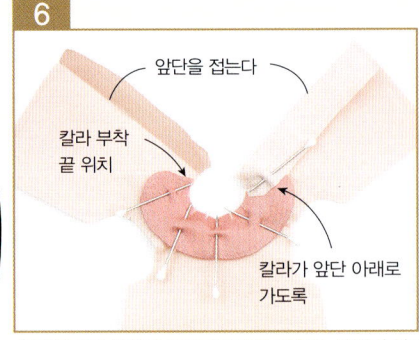

앞단을 접는다

칼라 부착
끝 위치

칼라가 앞단 아래로
가도록

칼라를 몸판 겉면에 놓고 목둘레를 맞춘다. 몸판의 칼라
부착 끝 위치에 칼라의 끝이 오도록 한다.

7

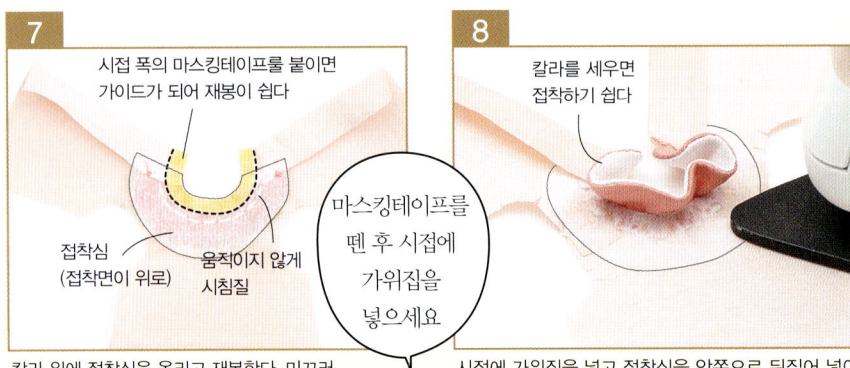

시접 폭의 마스킹테이프를 붙이면
가이드가 되어 재봉이 쉽다

접착심
(접착면이 위로)

움직이지 않게
시침질

마스킹테이프를
뗀 후 시접에
가위집을
넣으세요

칼라 위에 접착심을 올리고 재봉한다. 미끄러
지기 쉬우므로, 재봉선 조금 바깥쪽에 시침질
해둔다. 마스킹테이프를 붙여서 가이드로 삼
으면 정확하게 재봉할 수 있다

8

칼라를 세우면
접착하기 쉽다

시접에 가위집을 넣고 접착심을 안쪽으로 뒤집어 넣어
다림질로 꼼꼼히 접착한다. (시접을 0.5cm로 했을 경우
에는 0.3cm로 잘라서 겉이 나오도록 뒤집는다.)

9

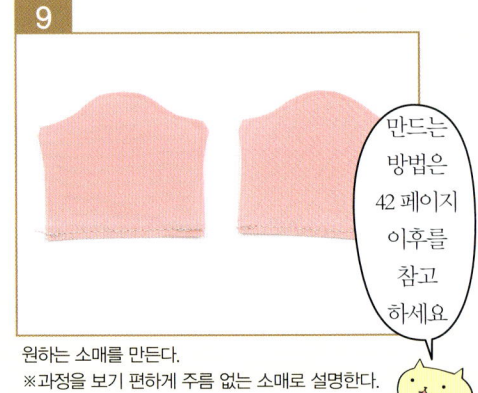

만드는
방법은
42 페이지
이후를
참고
하세요

원하는 소매를 만든다.
※과정을 보기 편하게 주름 없는 소매로 설명한다.

10

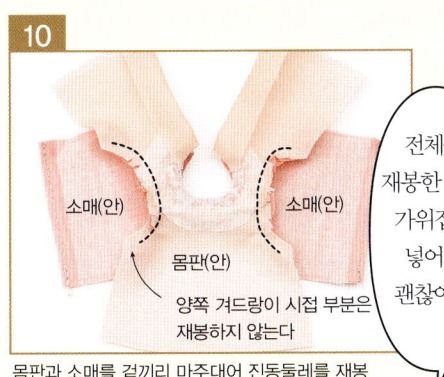

소매(안)   소매(안)

몸판(안)

양쪽 겨드랑이 시접 부분은 재봉하지 않는다

전체를 재봉한 후에 가위집을 넣어도 괜찮아요

몸판과 소매를 겉끼리 마주대어 진동둘레를 재봉한다. 양쪽 끝은 재봉하지 않는다. (재봉하지 않은 부분이 가위집 역할을 해서 울지 않는다.)

소매산에 주름이 있는 디자인의 경우, 몸판과 소매를 겉끼리 마주대어 시침핀으로 고정하고 실을 당기면 주름 잡기가 쉽다.

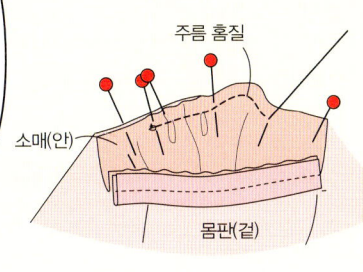

주름 홈질

소매(안)

몸판(겉)

주름 있는 소매는 소매 다는 방법 페이지를 참고하세요

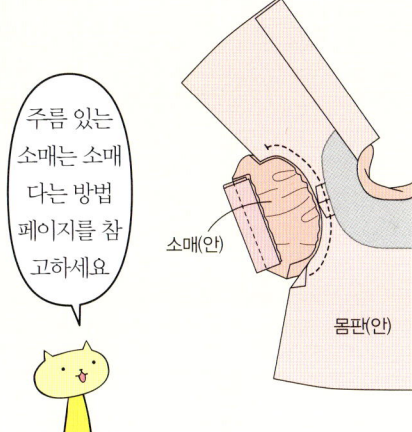

소매(안)

몸판(안)

11

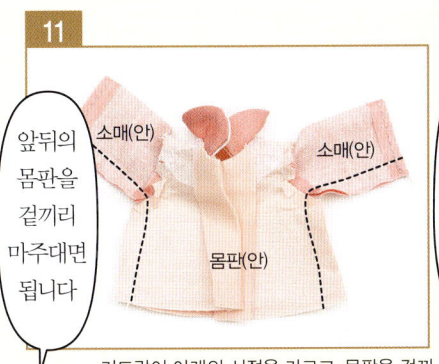

소매(안)   소매(안)

몸판(안)

앞뒤의 몸판을 겉끼리 마주대면 됩니다

겨드랑이 아래의 시접을 가르고, 몸판을 겉끼리 마주대어 소매 아래~옆선을 이어서 재봉한다.

12

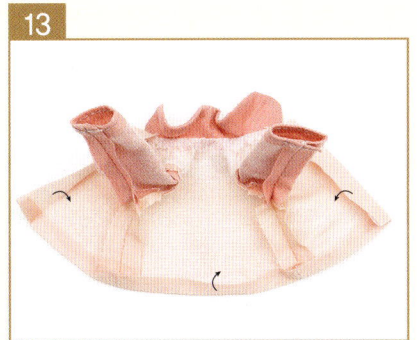

몸판(안)

소맷부리 시접을 갈라두면 인형 팔이 소매를 통과하기가 쉬워요

소매 아래와 옆선의 시접을 가른다.

13

앞단과 밑단을 다림질로 접는다. 소맷부리의 시접은 가름솔한 그대로 접착제로 붙이거나 바느질로 고정해준다.

14

앞단에 벨크로를 접착제로 붙인다.

15

앞단~밑단~앞단을 빙 둘러 재봉한다. 재봉틀이 없다면, 밑단을 접착제로 붙여도 된다. 그럴 경우, 벨크로는 겉에서 재봉 땀이 표시나지 않게 손바느질해두면 떨어질 염려가 없다.

16

단주나 핫픽스를 달아도 좋아요!

블라우스 완성.

세일러복

(목둘레, 진동둘레 시접은
0.3cm로 설명)

칼라가 분할된
뒤트임 세일러복입니다.

마음에 드는 소매
디자인을 달아주세요!

1 → 패턴 P.47

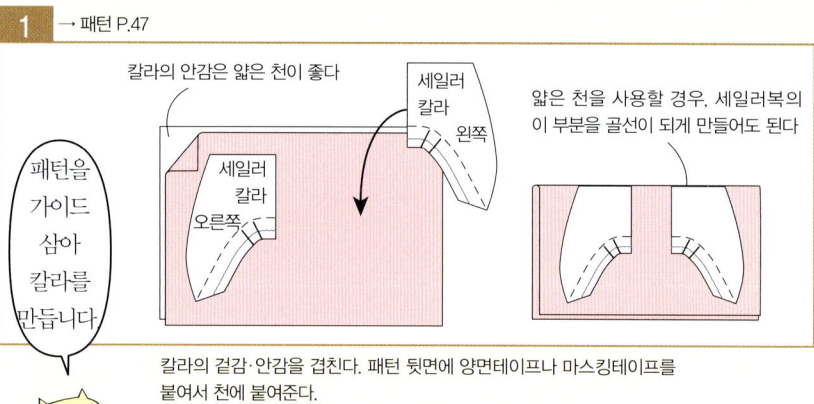

칼라의 안감은 얇은 천이 좋다

세일러
칼라
왼쪽

세일러
칼라
오른쪽

얇은 천을 사용할 경우, 세일러복의
이 부분을 골선이 되게 만들어도 된다

패턴을
가이드
삼아
칼라를
만듭니다.

칼라의 겉감·안감을 겹친다. 패턴 뒷면에 양면테이프나 마스킹테이프를
붙여서 천에 붙여준다.

2

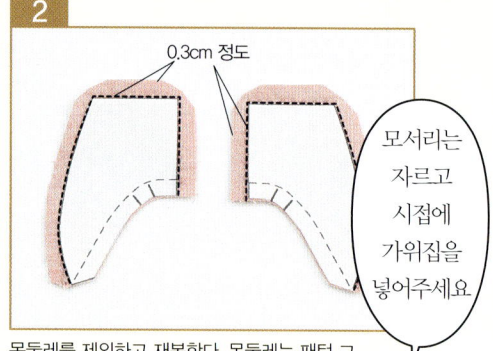

0.3cm 정도

모서리는
자르고
시접에
가위집을
넣어주세요

목둘레를 제외하고 재봉한다. 목둘레는 패턴 그
대로, 나머지 시접은 0.3cm가 되게 잘라서 겉으
로 뒤집는다. 목둘레 시접에는 올풀림 방지액을
발라 둔다.

3

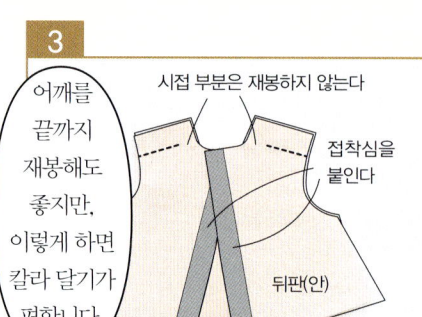

시접 부분은 재봉하지 않는다

접착심을
붙인다

뒤판(안)

어깨를
끝까지
재봉해도
좋지만,
이렇게 하면
칼라 달기가
편합니다.

뒷단 시접에 접착심을 붙인다. 앞판·뒤판을
겉끼리 마주대어 어깨선을 재봉한다. 목둘레
쪽 시접은 재봉하지 않는다. (재봉하지 않은
부분이 가위집 역할을 한다.)

4

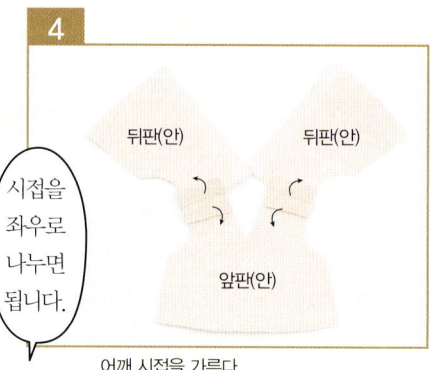

뒤판(안)   뒤판(안)

앞판(안)

시접을
좌우로
나누면
됩니다.

어깨 시접을 가른다.

5

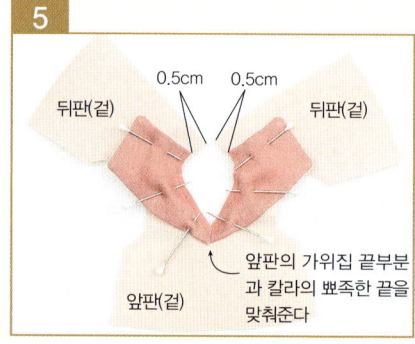

0.5cm   0.5cm

뒤판(겉)   뒤판(겉)

앞판(겉)

앞판의 가위집 끝부분
과 칼라의 뾰족한 끝을
맞춰준다

칼라 겉감이 위로 가도록 몸판(겉면)의 목둘레에 맞춘다.
뒷단은 0.5cm 안쪽으로 맞춘다.

6

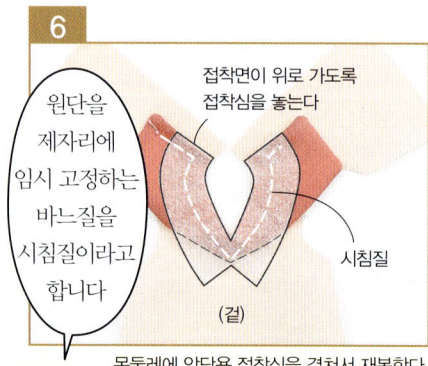

접착면이 위로 가도록
접착심을 놓는다

시침질

(겉)

원단을
제자리에
임시 고정하는
바느질을
시침질이라고
합니다

목둘레에 안단용 접착심을 겹쳐서 재봉한다.
재봉틀로 박을 때 시침핀이 방해가 된다면,
시침질로 임시 고정해도 좋다.

7

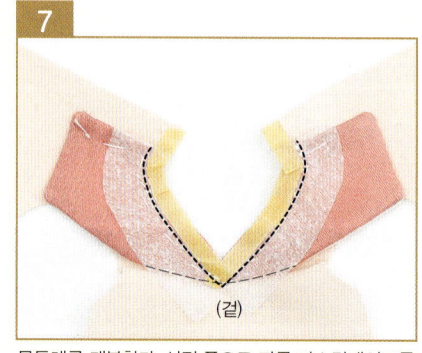

(겉)

목둘레를 재봉한다. 시접 폭으로 자른 마스킹테이프를
붙이고, 그것을 가이드 삼아 재봉하면 정확하다. 마스킹
테이프는 재봉 후 떼어낸다.

8

칼라를 세워 놓고 접착하면 쉽다

(안)

시접에 가위집을 넣고, 접착심을 안쪽으로 뒤집어 넣는
다. 안쪽에서 다림질로 확실히 접착한다. (시접을 0.5cm
로 했을 때는 0.3cm로 잘라서 작업한다.)

9

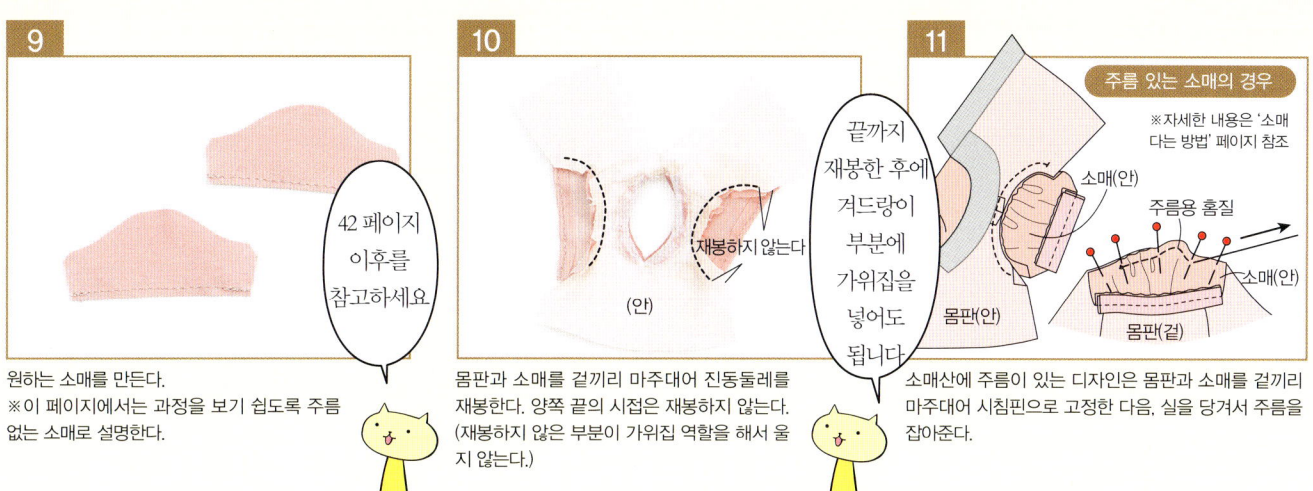

42 페이지
이후를
참고하세요

원하는 소매를 만든다.
※이 페이지에서는 과정을 보기 쉽도록 주름 없는 소매로 설명한다.

10

끝까지
재봉한 후에
겨드랑이
부분에
가위집을
넣어도
됩니다

재봉하지 않는다

(안)

몸판과 소매를 겉끼리 마주대어 진동둘레를 재봉한다. 양쪽 끝의 시접은 재봉하지 않는다. (재봉하지 않은 부분이 가위집 역할을 해서 울지 않는다.)

11

주름 있는 소매의 경우

※자세한 내용은 '소매 다는 방법' 페이지 참조

소매(안)

주름용 홈질

몸판(안)

소매(안)

몸판(겉)

소매산에 주름이 있는 디자인은 몸판과 소매를 겉끼리 마주대어 시침핀으로 고정한 다음, 실을 당겨서 주름을 잡아준다.

12

바느질하지
않은 부분이
가위집 역할을
해서 옷이
울지 않아요

(안)

겨드랑이 아래의 시접을 가르고, 몸판을 겉끼리 마주댄 상태에서 소매 아래~옆선을 이어서 재봉한다.

13

소맷부리의 시접은 가른 상태 그대로 접착제로 붙이거나 바느질로 고정하면 좋다

(안)

소매 아래와 옆선의 시접을 가른다.

14

시접을
확실히
갈라놓으면
인형 팔이
소매를
통과하기
쉬워요

(안)

오른쪽 뒷단과 밑단을 다림질로 접어준다. 소맷부리의 시접은 가른 상태 그대로 접착제로 붙이거나 재봉해서 고정해 둔다.

15

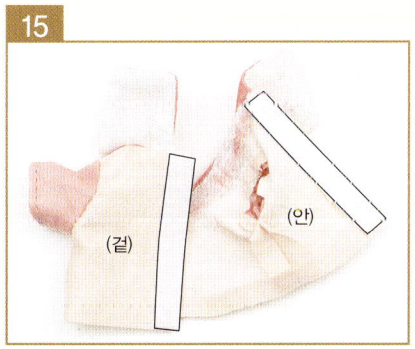

(겉)

(안)

뒷단에 0.5cm 폭으로 자른 벨크로를 접착제로 붙인다.

16

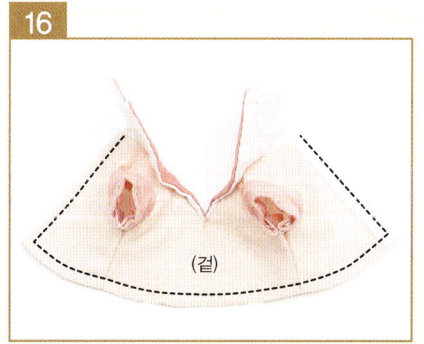

(겉)

뒷단과 밑단을 빙 둘러 재봉한다. 손바느질할 경우, 벨크로를 접착제로 붙이기만 해도 좋지만, 겉에서 바늘땀이 보이지 않게 바느질해두면 단단하게 고정된다.

17

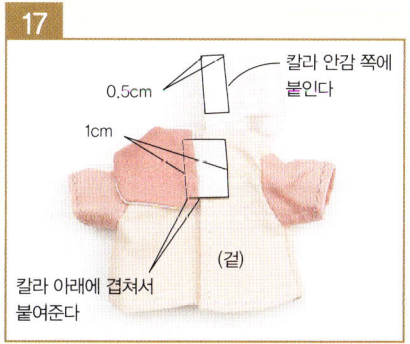

칼라 안감 쪽에 붙인다

0.5cm

1cm

(겉)

칼라 아래에 겹쳐서 붙여준다

오른쪽 칼라의 안감에 0.5cm 폭으로 자른 벨크로를 붙인다. 왼쪽 칼라에는 1cm 폭으로 자른 벨크로를 아래쪽에 겹쳐서 붙인다. 벨크로는 겉에서 바늘땀이 보이지 않게 손바느질해주면 떨어질 염려가 없다.

18

세일러복 완성.

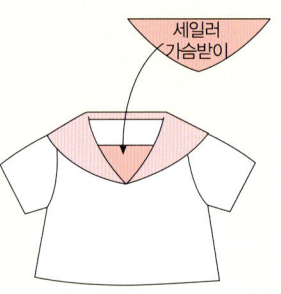

세일러 가슴받이

아래에서 소개하는 탈부착 칼라용 가슴받이를 만들어 도 좋다.

길이를 조절하고 칼라 없이 만드는 등, 변형이 가능해요.

변형

칼라 없음

길이를 2cm 늘린다

니트 원단을 이용해 튜닉으로 변형했다.

탈부착 칼라 세일러복

붙였다 뗐다 할 수 있는 세일러복 입니다

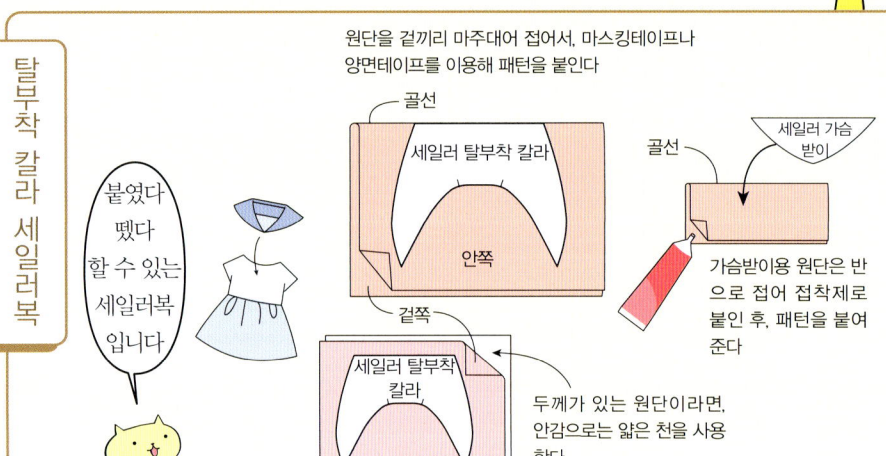

원단을 겉끼리 마주대어 접어서, 마스킹테이프나 양면테이프를 이용해 패턴을 붙인다

골선

세일러 탈부착 칼라

안쪽

겉쪽

세일러 탈부착 칼라

두께가 있는 원단이라면, 안감으로는 얇은 천을 사용 한다

골선

세일러 가슴 받이

가슴받이용 원단은 반 으로 접어 접착제로 붙인 후, 패턴을 붙여 준다

1

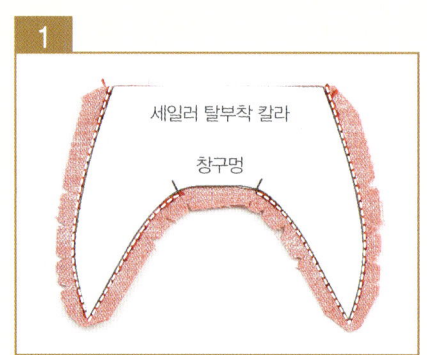

세일러 탈부착 칼라

창구멍

창구멍을 남기고 칼라 가장자리를 재봉한 후, 시접은 0.3cm 정도로 잘라준다. 곡선 부분에 가위집을 넣는다. 겉으로 뒤집어서, 창구멍을 감침질한다.

2

가슴받이 원단은 패턴대로 잘라서, 올풀림 방지액을 발 라준다.

3

가슴받이 한쪽을 칼라 안감 쪽에 붙이고, 다른 한쪽에는 벨크로를 붙여준다.

안감(면 론)이 있는 탈부착 칼라

팬츠 · 레깅스
— PANTS / LEGGINGS —

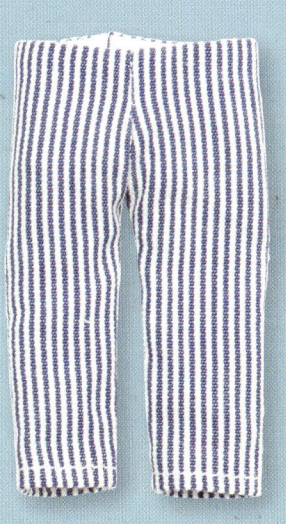

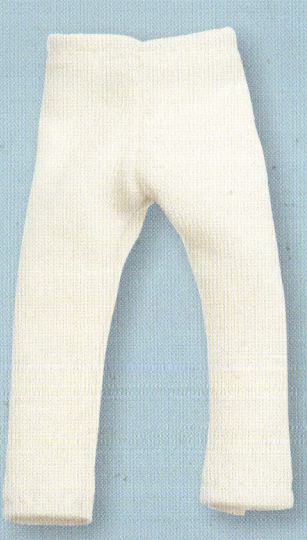

실물 크기

팬츠・레깅스

심플한 팬츠와 니트지로 만드는 레깅스입니다

---

1 → 패턴 P.56

좌우 팬츠 패턴을 겉끼리 마주대어 겹친다. 앞중심만 재봉한다. 아래쪽 0.5cm는 재봉하지 않는다. (재봉하지 않은 부분이 가위집 역할을 해서 울지 않는다.)

2

시접을 좌우로 나누는 것을 가른다고 합니다

앞중심의 시접을 가르고, 밑단을 접어 재봉한다.

3

이쪽만 트임 끝 위치까지 재봉한다

접착심(접착면)

접착심을 겉면 위쪽에 겹치고, 허리 라인~왼쪽 뒤중심을 트임 끝 위치까지 재봉한다.

4

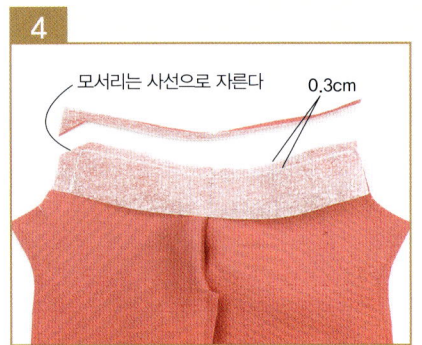

모서리는 사선으로 자른다   0.3cm

윗단 시접을 0.3cm 폭으로 잘라준다.

5

겉감이 살짝 보이도록 접는다

접착심을 안쪽으로 접어 넘겨 다리미로 접착한다.

6

벨크로

벨크로와 후크 중 원하는 것으로!

좌우 뒤판의 끝에 벨크로를 달아준다. 벨크로가 없다면 마지막 단계에서 스프링 후크와 실고리를 달아도 된다.

7

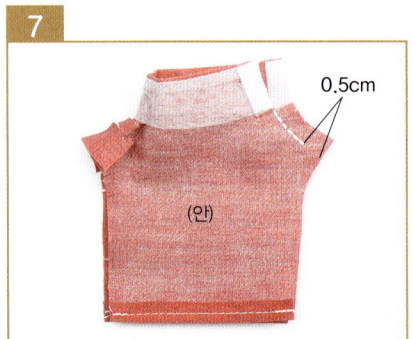

0.5cm

뒤중심을 트임 끝 위치까지 재봉한다. 아래쪽 0.5cm는 재봉하지 않는다. (재봉하지 않은 부분이 가위집 역할을 해서, 겉으로 뒤집었을 때 울지 않는다.)

8

가랑이 부분의 시접을 가르고, 밑아래를 재봉한다. 겉으로 뒤집는다.

9

팬츠 완성.
※ '신장 조정 키트'로 인형의 다리 길이를 늘려주면, 복사뼈 정도의 길이감이 된다.

허리 부분에 여밈이 없다는 것 빼놓고는 앞 페이지의 방법과 같아요

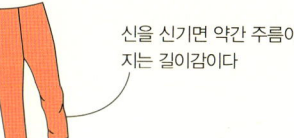

신장 조정 키트를 끼우면 딱 맞는 길이가 된다

신을 신기면 약간 주름이 지는 길이감이다

니트지를 이용한 레깅스

1

니트지의 경우, 니트용 실을 사용하는 것이 좋다.

2

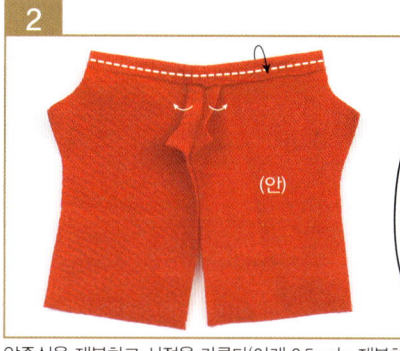

앞중심을 재봉하고 시접을 가른다(아래 0.5cm는 재봉하지 않는다). 허리 부분을 안쪽으로 접어서 재봉한다.

3

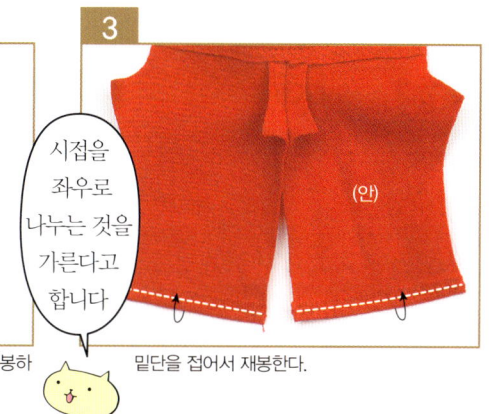

시접을 좌우로 나누는 것을 가른다고 합니다

밑단을 접어서 재봉한다.

4

0.5cm

뒤중심을 재봉한다. 앞중심과 마찬가지로 아래 0.5cm는 재봉하지 않는다.

5

밑아래를 재봉해 겉으로 뒤집는다. 허리 쪽의 시접은 갈라서 바느질로 고정하거나 접착제로 붙여두면 좋다.

6

레깅스 완성.

팬츠 길이 비교

신장 조정 키트 미착용

신장 조정 키트 착용

오비츠11 여자아이용 팬츠는 전체적으로 슬림한 것이 특징. 또한 허리 부분에 주름이 생기지 않도록 고무줄을 넣지 않는 패턴을 사용했다.

드임 끝

간단 팬츠 〔홍*

남녀공용 간단 팬츠

팬츠(왼쪽)

여자아이용 팬츠

복사한 후,
잘라서
사용하세요.

✂

팬츠

팬츠 패턴
→ 만드는 법 P.54

팬츠 접착심
(허리 안단용)

뒤 　팬츠 오른쪽* 　앞

트임
끝

트임
끝

앞 　팬츠 왼쪽* 　뒤

원단 결 방향

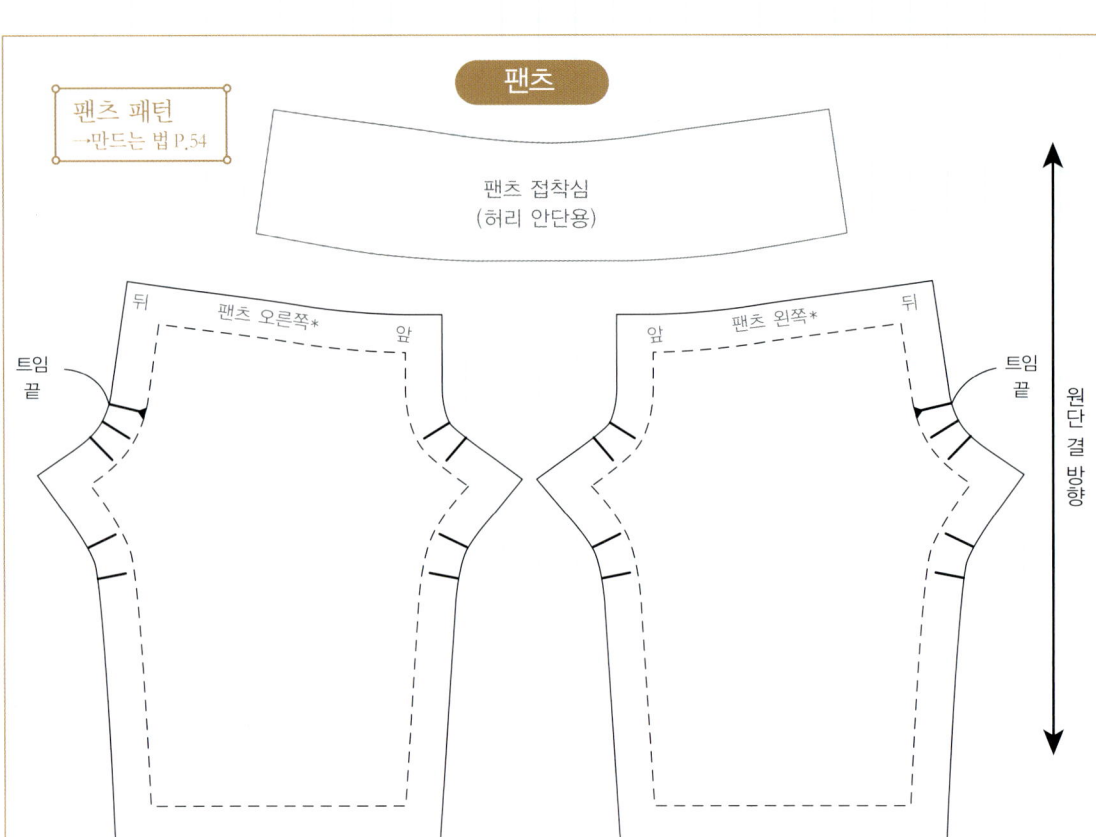

레깅스

레깅스 패턴
→ 만드는 법 P.55

천이 늘어나는 방향

레깅스*

레깅스*

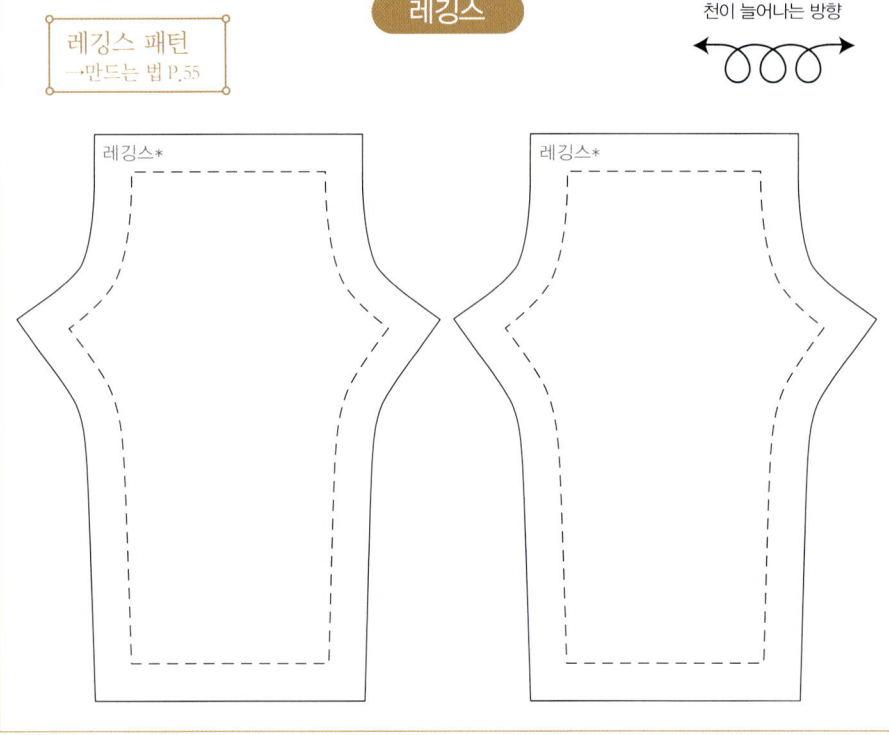

신장 조정
키트 모델에게
신을 신겨 봤어요.
팬츠 길이가
약간 짧아도
신을 신으면
잘 모를지도

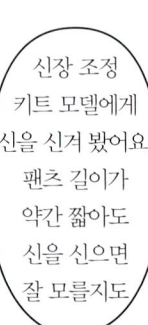

모델: OB E03 「SIMPU」
가방: 사이드 롱쇼트 (앤틱 베이지)

※ 좌우가 같거나 좌우가 단지 반전만 되어 있는 패턴은 ＊ 표시를 했다.

Chapter *8.*

수영복·타이즈
— SWIMSUIT / TIGHTS —

실물 크기

수영복

(여기서는 시접을
0.3cm로 설명한다)

위아래를 나누면 탱크탑이나 언더쇼츠로도 만들 수 있습니다

1 → 패턴 P.61

두껍지 않은 니트지를 준비한다. 구하기 어려우면 팔 토씨 등의 제품을 활용해도 괜찮다.

2

접착력이 너무 강할 때는 옷 등에 붙였다 뗐다 해서 접착력을 줄여주세요

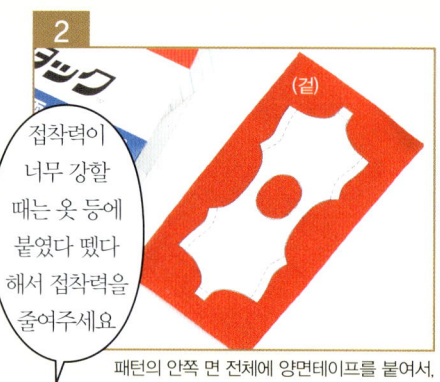

패턴의 안쪽 면 전체에 양면테이프를 붙여서, 원단 겉면에 붙여준다.

3

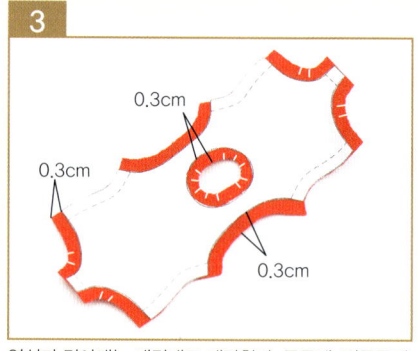

0.3cm
0.3cm
0.3cm

옆선과 밑아래는 패턴대로 재단한다. 목둘레, 진동둘레, 허벅지둘레는 0.3cm 정도 남기고 재단한다. 곡선 부분은 시접의 절반 정도에 가위집을 넣는다.

4

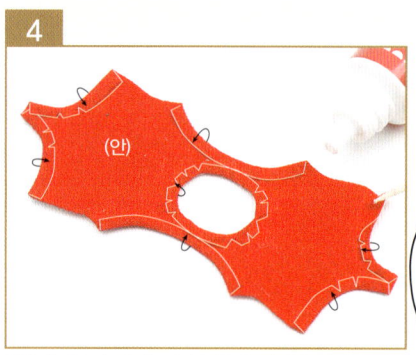

(안)

안쪽이 나오게 뒤집는다. 붙여놓은 패턴을 가이드 삼아 목둘레, 진동둘레, 허벅지둘레 시접을 접어 접착제로 붙인다. (겉에서 표시나지 않게 주의)

5

완전히 마른 후에 떼어내세요

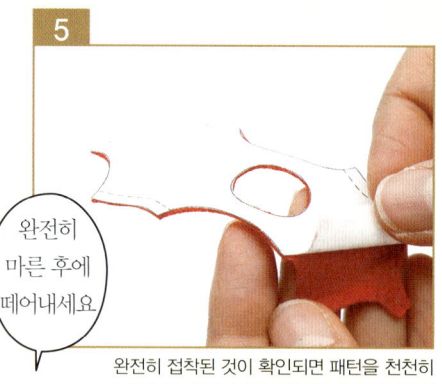

완전히 접착된 것이 확인되면 패턴을 천천히 떼어낸다. 원단에 따라 접착제가 잘 붙지 않을 수 있으므로, 먼저 테스트해보는 것이 좋다.

6

(안)

완성선을 그려놓아도 좋지만 마스킹테이프도 편리해요!

앞판 · 뒤판을 겉끼리 마주대어 옆선과 밑아래를 재봉한다(손바느질의 경우는 박음질). 이때 시접 폭만큼 자른 마스킹테이프를 붙여두면 작업이 편하다.

7

(겉)

밑아래 시접을 다림질로 갈라서 접착제로 붙여준다. 타월 재질의 손수건 모서리를 끼워 넣으면 쉽게 다릴 수 있다.

8

아이스바 막대기에 펠트를 붙인 도구를 만들어두면 섬세한 부분을 다림질할 때 좋다. (자세한 내용은 44페이지 참조)

9

수영복 완성.

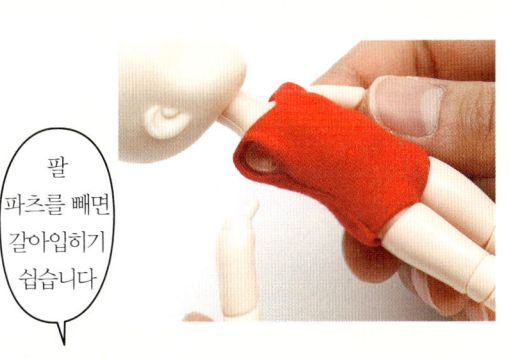

팔 파츠를 빼면 갈아입히기 쉽습니다

프릴이 달린 고무줄로 스커트를 만들어도 귀여워요!

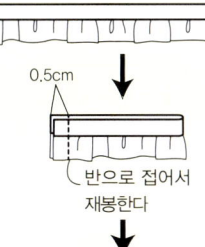

고무줄의 텐션에 따라 길이를 조절한다

7~7.5cm

0.5cm

반으로 접어서 재봉한다

↓ 프릴이 달린 다양한 형태의 고무줄로 만들어보자

변형

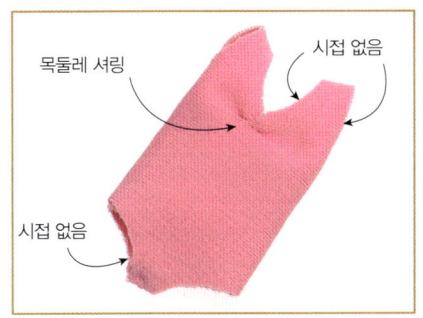

목둘레 셔링

시접 없음

시접 없음

경우에 따라 목둘레, 진동둘레, 아랫단, 허리, 허벅지둘레 에 시접을 만들지 않고 패턴대로 재단해서 만들어도 좋 다.

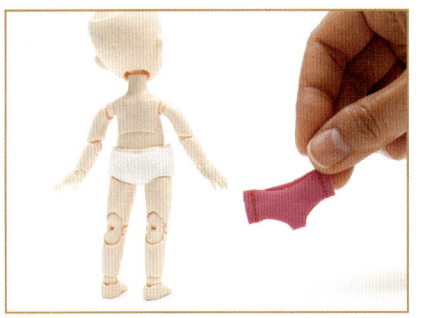

원하는 위치에서 패턴을 분리해서, 탱크탑이나 언더쇼츠 를 만드는 것도 가능하다.

《시접이 없어도 되는 니트지》

O

당겨도 올 풀림이 없는 원단에 해당
예: 라이크라 매트

《시접을 없애면 안 되는 니트지》

X

당기면 올이 쉽게 풀리는 원단에 해당

진한 색 원단은 겉면에 본드 자국이 나지 않도록 주의하세요

모델: OB 00 「HAKASE」
가발: 양갈래 머리 (티우레)

타이즈

니트용 실로 재봉할 때는 아래에 트레이싱페이퍼를 깔아주는 것이 포인트입니다!

망사 원단이나 시판 타이즈로 만들어 봐요

1 → 패턴 P.61

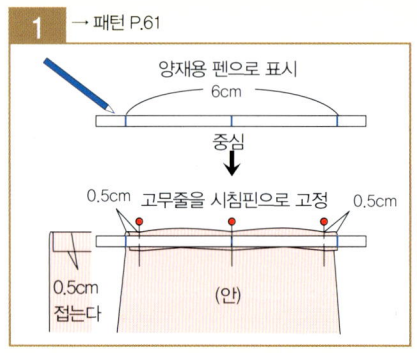

양재용 펜으로 표시
6cm
중심
0.5cm 고무줄을 시침핀으로 고정 0.5cm
0.5cm 접는다
(안)

3mm 폭의 납작 고무줄에 양재용 펜으로 그림처럼 3군데를 표시한다. 재단한 망사 원단의 윗부분을 0.5cm 접어, 고무줄을 시침핀으로 고정한다.

2

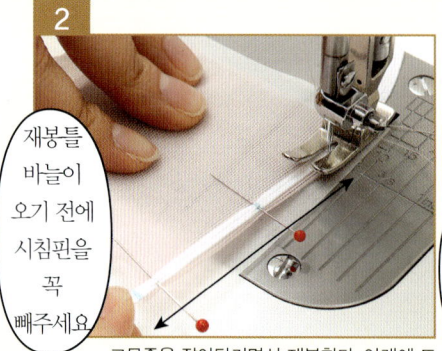

재봉틀 바늘이 오기 전에 시침핀을 꼭 빼주세요

고무줄을 잡아당기면서 재봉한다. 아래에 트레이싱페이퍼를 깔아주면 재봉하기 쉽다.

3

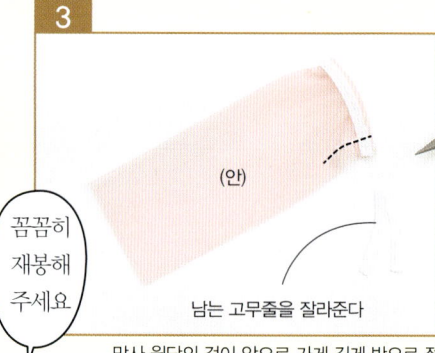

(안)
꼼꼼히 재봉해 주세요
남는 고무줄을 잘라준다

망사 원단의 겉이 안으로 가게 길게 반으로 접고, 재봉 위치(위에서 2.5cm 정도)를 재봉한다. 남는 고무줄은 잘라준다.

4

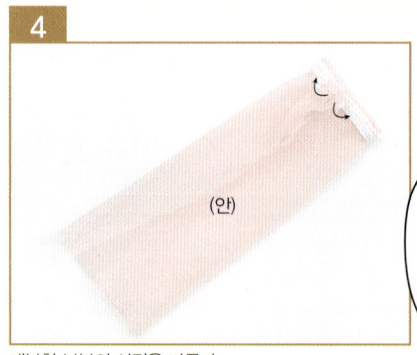

(안)

재봉한 부분의 시접을 가른다.

5

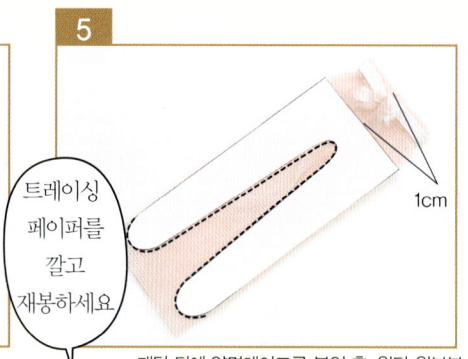

트레이싱 페이퍼를 깔고 재봉하세요

1cm

패턴 뒤에 양면테이프를 붙인 후, 원단 윗부분에서 1cm 아래쪽에 붙인다. 이를 가이드 삼아 재봉한다. 손바느질의 경우, 니트용 실로 박음질한다.

6

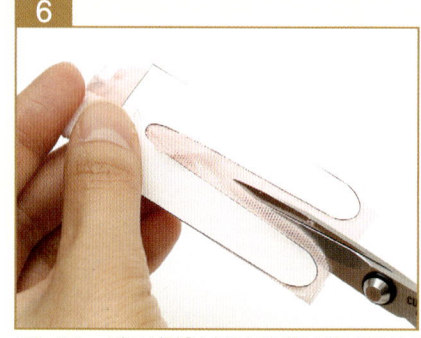

0.2~0.3cm 정도 시접을 남기고 잘라준 다음, 겉으로 뒤집는다.

타이즈 완성.

검정 원단으로 망사 스타킹 느낌을,

시판 타이즈를 이용해도 좋아요!

검정색 망사 원단

허리를 손바느질하는 경우

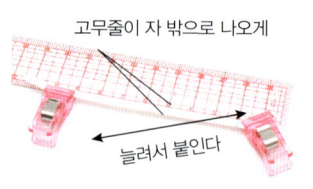

고무줄이 자 밖으로 나오게
늘려서 붙인다

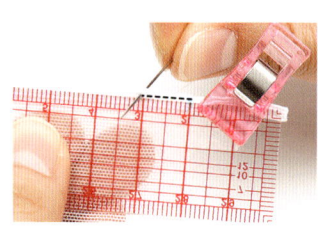

자에 양면테이프를 붙이고, 고무줄에 표시한 위치 사이가 7cm가 되도록 늘려서 붙인다. 이때 고무줄의 단이 자 밖으로 살짝 나오도록 한다.

옆의 그림처럼 겹쳐주면 됩니다

위를 0.5cm 접은 원단을 작은 집게로 자에 고정한다. 자 밖으로 나온 고무줄 부분과 망사 원단을 함께 박음질한다.

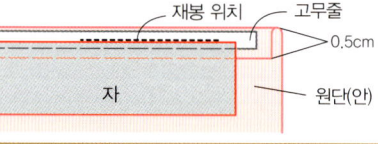

재봉 위치 ─ 고무줄
0.5cm
자
원단(안)

복사한 후, 잘라서 사용하세요.

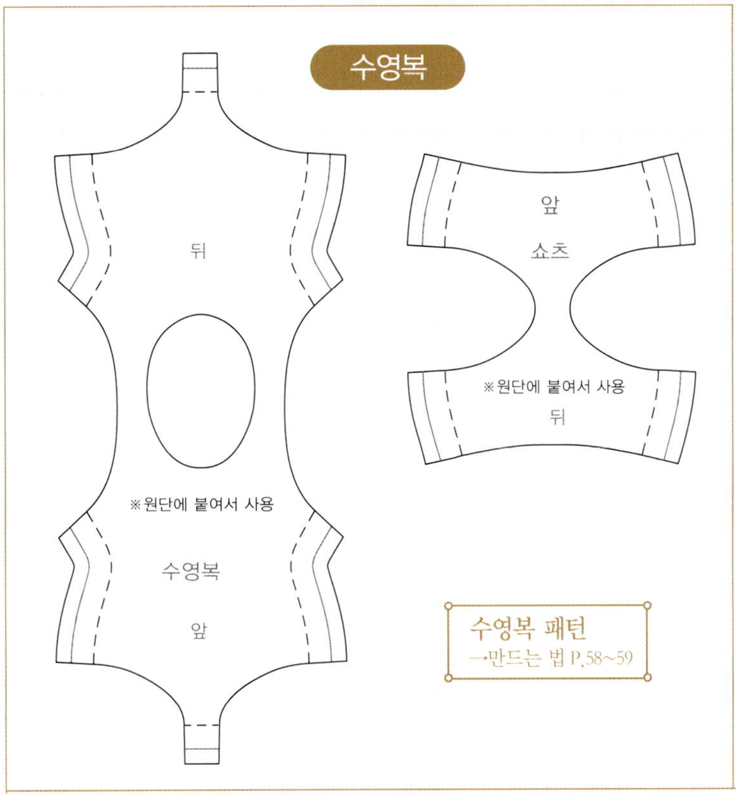

수영복

뒤

앞
쇼츠

※원단에 붙여서 사용

뒤

※원단에 붙여서 사용

수영복

앞

수영복 패턴
→만드는 법 P.58~59

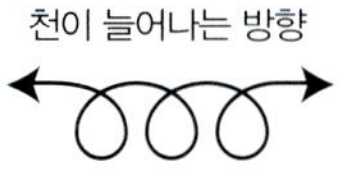

천이 늘어나는 방향

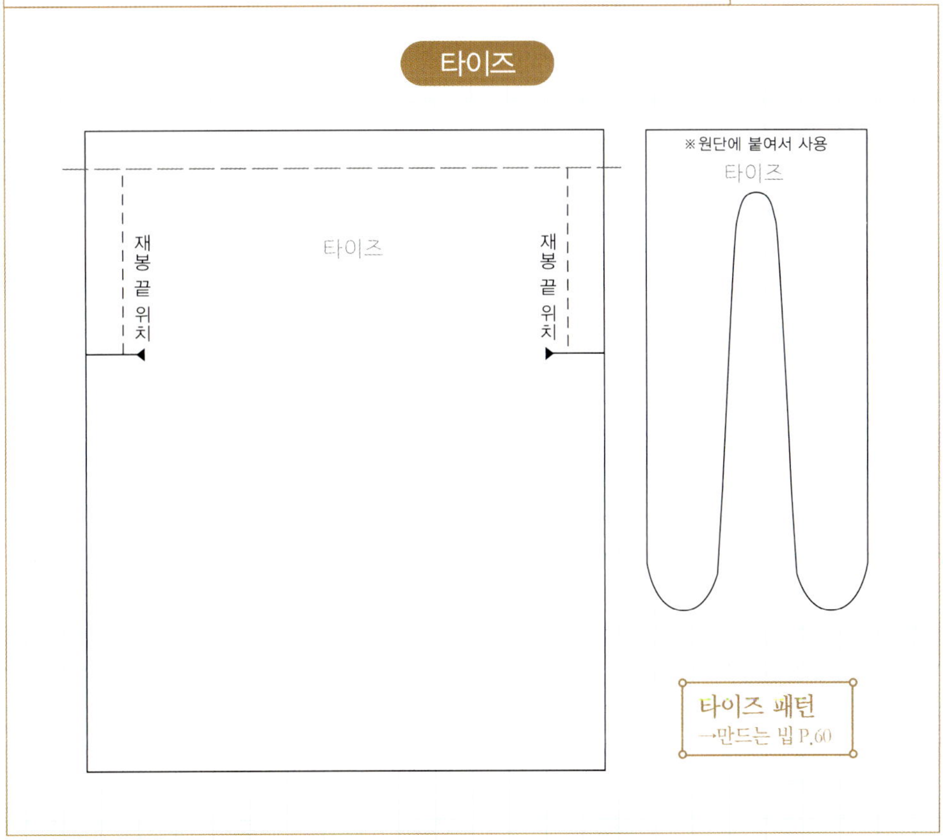

타이즈

재봉 끝 위치

타이즈

재봉 끝 위치

※원단에 붙여서 사용

타이즈

타이즈 패턴
→만드는 법 P.60

Chapter 9.

앞치마
— APRON —

실물 크기

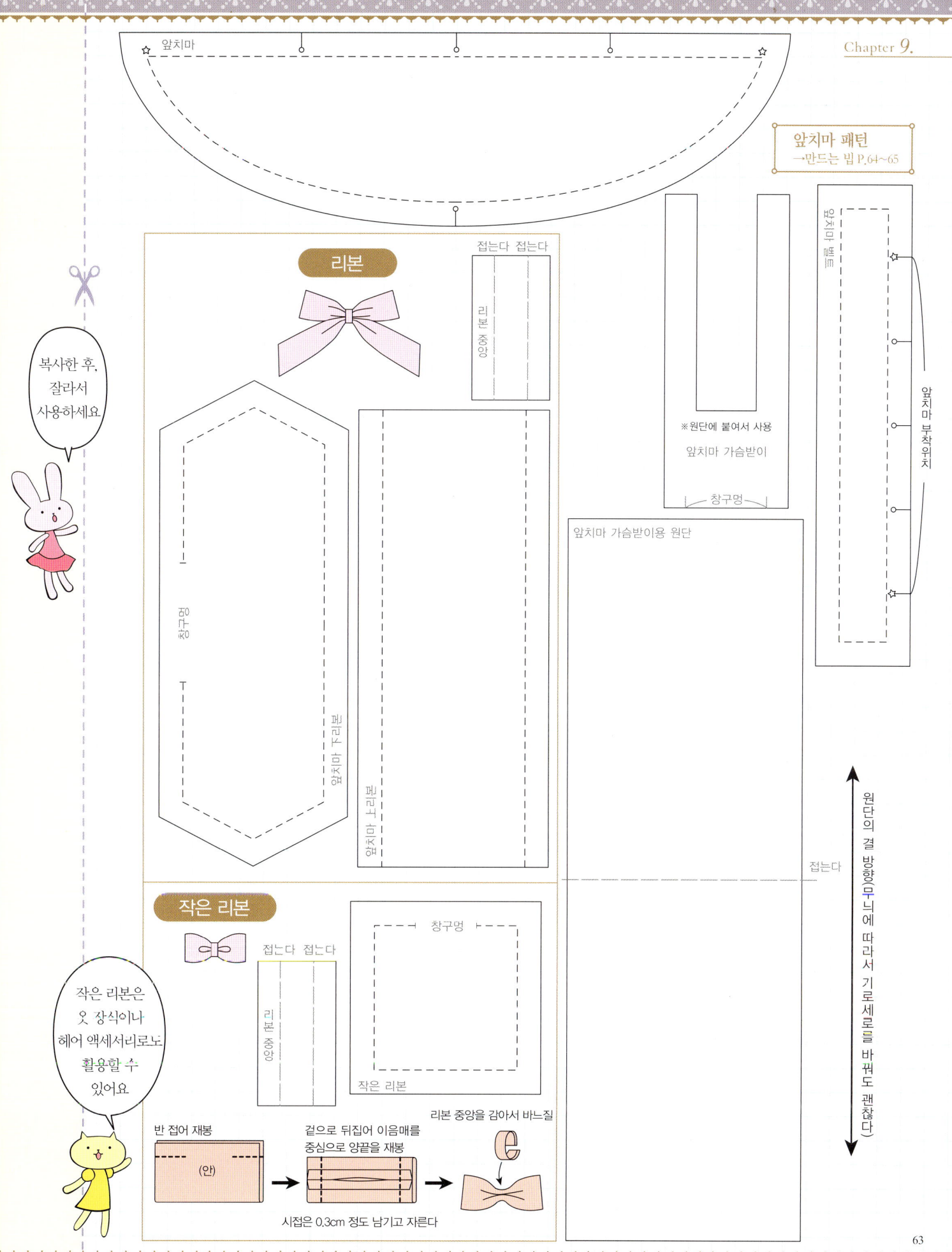

앞치마

앞치마 패턴
→만드는 법 P.64~65

리본

접는다 접는다

리본 중앙

창구멍

※원단에 붙여서 사용

앞치마 가슴받이

앞치마 벨트

앞치마 부착위치

복사한 후, 잘라서 사용하세요

창구멍

편리한 밑그리미

편리한 밑그리미

앞치마 가슴받이용 원단

접는다

원단의 결 방향(무늬에 따라서 가로세로를 바꿔도 괜찮다)

작은 리본

접는다 접는다

창구멍

리본 중앙

작은 리본

작은 리본은 옷 장식이나 헤어 액세서리로노 활용할 수 있어요

반 접어 재봉

(안)

겉으로 뒤집어 이음매를 중심으로 양끝을 재봉

리본 중앙을 감아서 바느질

시접은 0.3cm 정도 남기고 자른다

앞치마

가슴받이가
분리됩니다

→ 패턴 P.63

레이스는 다림질로 커브 형태를
잡아주면 좋다

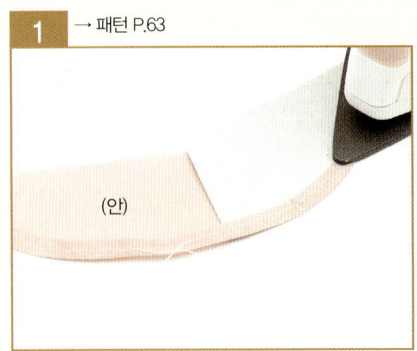

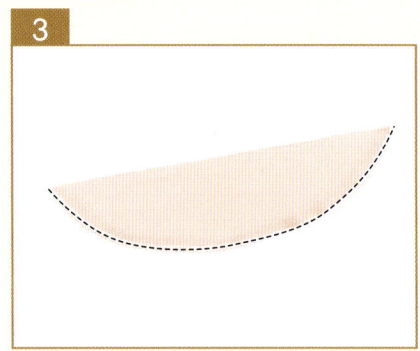

앞치마 밑단을 접는다. 곡선부분이 깔끔하게 접히지 않을 때는 시접 부분에 촘촘하게 주름 홈질을 해주면 좋다.

앞치마 밑단에 레이스를 올려서 접착제로 임시 고정한다. (레이스를 앞치마 뒤쪽에 겹쳐서 달아도 된다.)

레이스와 앞치마 밑단을 재봉한다.

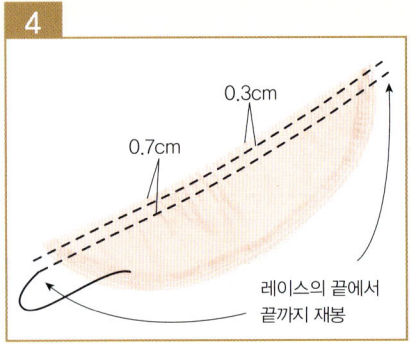
0.3cm
0.7cm
레이스의 끝에서
끝까지 재봉

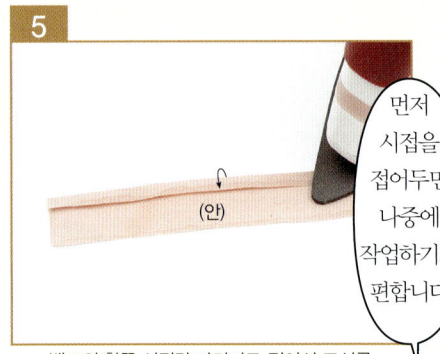
먼저
시접을
접어두면
나중에
작업하기가
편합니다

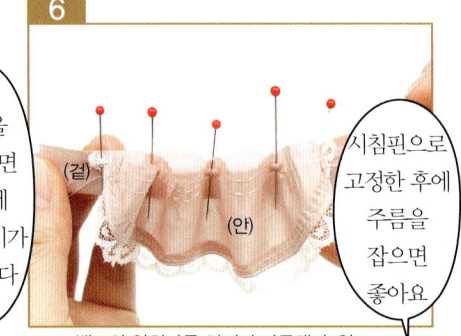
시침핀으로
고정한 후에
주름을
잡으면
좋아요

허리 부분에 주름용 홈질을 2줄 해준다. (위에서 0.3cm와 0.7cm 위치) 실이 빠지지 않도록 한쪽은 매듭을 짓는다.

벨트의 한쪽 시접만 다리미로 접어서 표시를 해둔다.

벨트와 앞치마를 겉끼리 마주댄다. 양끝, 중심, 만남 위치를 맞춰서 시침핀으로 고정한다.

시침핀은
바늘이
닿기 전에
꼭
빼주세요

마스킹테이프는 재봉이
끝나면 떼어낸다

양쪽 끝을 안으로
접어넣는다

실을 당겨서 주름을 잡은 후, 허리 부분을 재봉한다. 시접에 0.5cm 폭의 마스킹테이프를 붙여주면 주름이 움직이지도 않고 가이드 삼아 재봉하기도 편하다.

마스킹테이프는 재봉이 끝나면 떼어낸다.

앞치마의 윗단을 감싸듯이 벨트를 접어서 허리를 재봉한다(벨트 양끝은 접는다). 재봉 후에 주름 홈질한 실을 빼낸다.

10

(안)

창구멍

가슴받이 패턴 뒤에 양면테이프를 붙여서 스티커처럼 만든다. 반으로 접은 원단에 붙이고, 패턴을 가이드 삼아 재봉한다. 창구멍은 남겨둔다.

접착력이 너무 강할 때는 옷감에 붙였다 뗐다 해주세요

11

시접은 약 0.3cm 폭

모서리는 자른다

가위집 넣기

모서리는 자른다

시접이 0.3cm 정도 되게 재단한다. 모서리를 자르고 지정된 위치에 가위집을 넣는다.

가위집 넣는 것을 깜빡하면 울게 되니 주의!

12

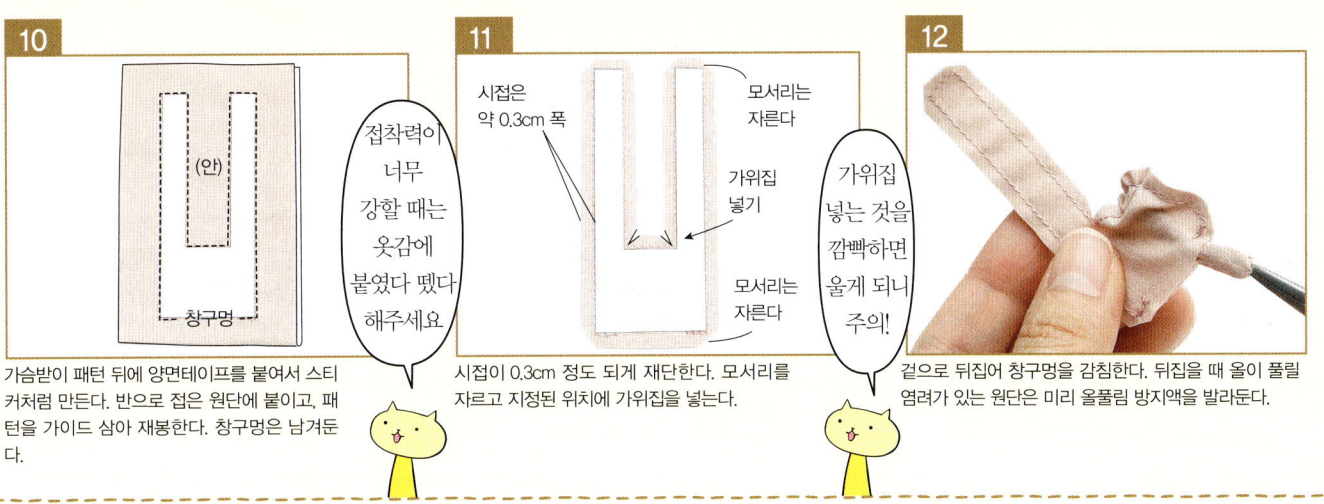

겉으로 뒤집어 창구멍을 감침한다. 뒤집을 때 올이 풀릴 염려가 있는 원단은 미리 올풀림 방지액을 발라둔다.

13

양쪽 가장자리에 레이스 등을 올려서, 접착제로 붙이거나 재봉틀로 박는다.

14 리본 만들기

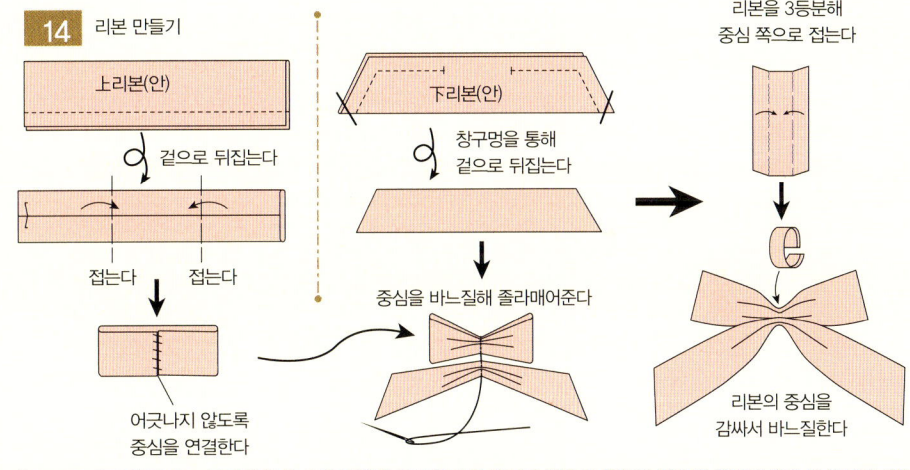

上리본(안)

겉으로 뒤집는다

접는다   접는다

어긋나지 않도록 중심을 연결한다

下리본(안)

창구멍을 통해 겉으로 뒤집는다

중심을 바느질해 졸라매어준다

리본을 3등분해 중심 쪽으로 접는다

리본의 중심을 감싸서 바느질한다

15

(겉)

가슴받이 쪽에 까끌까끌한 면을 붙인다

(안)

허리 부분과 어깨끈의 끝에 벨크로를 붙인다. 접착제로 붙인 뒤, 떨어지지 않도록 가볍게 바느질해두면 좋다.

16

(안)

허리 벨트 뒷단에 스냅 단추 또는 스프링 후크와 실고리를 달아준다.

17

뒤쪽 리본은 마지막에 바느질로 달거나, 탈부착이 가능하도록 옷핀으로 달아도 좋다.

Chapter *10.*

차이나 드레스
— MANDARIN DRESS —

실물 크기

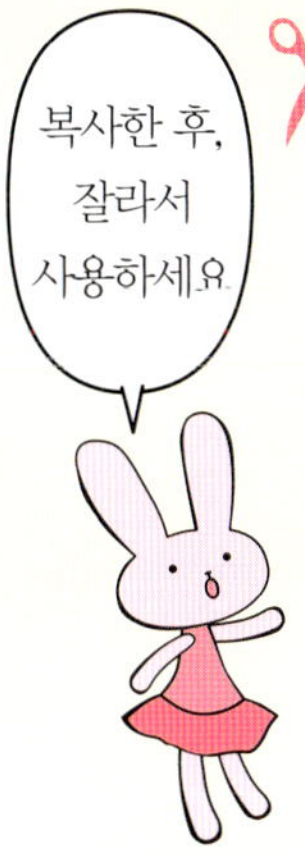

복사한 후,
잘라서
사용하세요

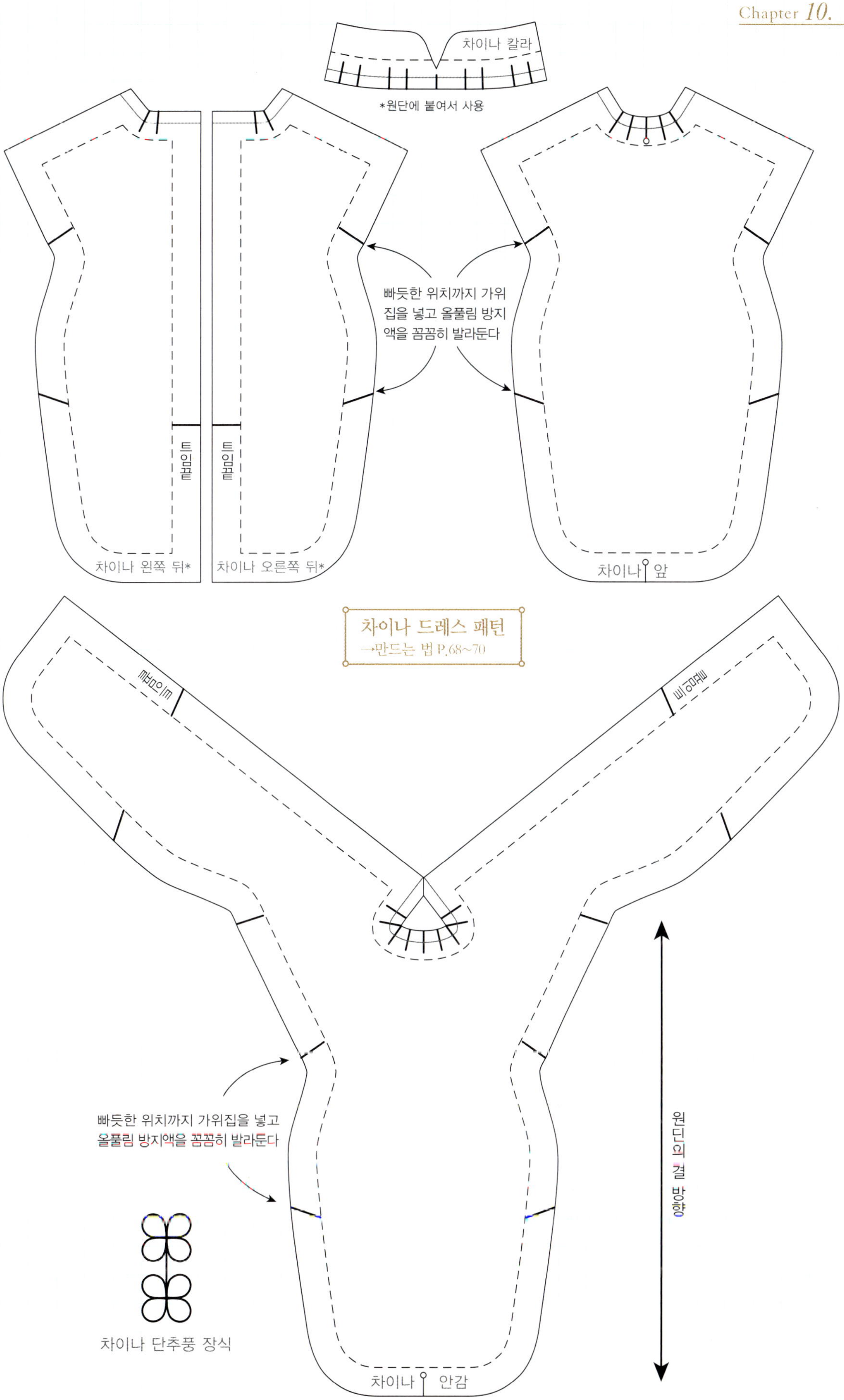

차이나 칼라

*원단에 붙여서 사용

빠듯한 위치까지 가위
집을 넣고 올풀림 방지
액을 꼼꼼히 발라둔다

트임끝

트임끝

차이나 왼쪽 뒤*

차이나 오른쪽 뒤*

차이나 앞

차이나 드레스 패턴
→만드는 법 P.68~70

트임끝

트임끝

빠듯한 위치까지 가위집을 넣고
올풀림 방지액을 꼼꼼히 발라둔다

원단의 결 방향

차이나 단추풍 장식

차이나 안감

차이나 드레스

(칼라 시접은 0.3cm 로 설명)

안감은 면 론 등 얇은 원단을 추천합니다

칼라 가장자리에 장식용 끈을 달아주세요

---

1 → 패턴 P.67

안감은 면 론 등 얇은 원단을 사용한다

겉감(안)

차이나 칼라

겉감 · 안감을 겉끼리 마주대어 겹친다. 패턴 뒤에 양면 테이프를 붙여, 겉감의 안쪽에 붙인다. 목둘레를 빼놓고 재봉한다.

2

재단 후 올풀림 방지액을 꼼꼼히 발라주세요

중심은 빠듯한 위치까지 가위집을 넣는다 (너무 자르지 않도록 주의)

0.3cm   0.3cm

가장자리 시접을 0.3cm 정도 남기고 자른 후, 앞중심에 가위집을 넣는다. 목둘레는 패턴대로 잘라서, 시접 부분에 가위집을 넣는다.

3

한쪽만 장식용 끈(릴리앙 실 등)을 달아준다

칼라 겉면

가장자리에 장식용 끈을 달지 않아도 OK!

칼라를 겉으로 뒤집고, 한쪽에만 장식용 끈을 접착제로 붙여준다. 끈을 미리 다림질해 납작하게 만들어두면 좋다.

4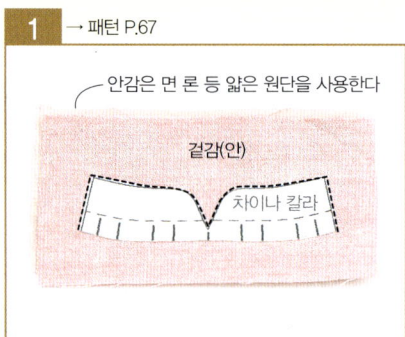

시접 부분은 재봉 하지 않는다

겉면과 겉면이 안쪽으로 가게 겹쳐주세요

앞(안)

앞뒤 몸판을 겉끼리 마주대어 어깨를 재봉해 합친다. 목둘레 시접은 박지 않는다. (재봉하지 않은 부분이 가위집 역할을 한다.)

5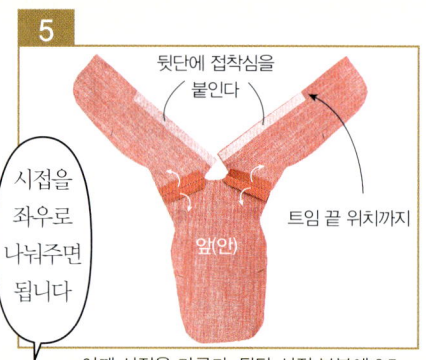

뒷단에 접착심을 붙인다

시접을 좌우로 나눠주면 됩니다

앞(안)

트임 끝 위치까지

어깨 시접을 가른다. 뒷단 시접 부분에 0.5cm 폭으로 자른 접착심을 트임 끝 위치까지 붙인다.

6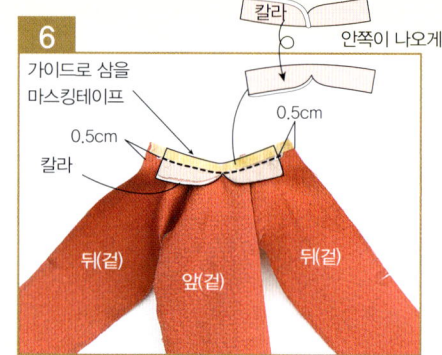

칼라

안쪽이 나오게

가이드로 삼을 마스킹테이프

0.5cm

0.5cm

칼라

뒤(겉)   앞(겉)   뒤(겉)

칼라의 겉(장식끈을 붙인 쪽)과 몸판의 겉을 마주대어 목둘레를 재봉한다. 칼라는 몸판 끝단 0.5cm 안쪽에 맞춘다. 이때 시접 폭으로 자른 마스킹테이프를 붙여 가이드 삼으면 편하다.

7

먼저 접어두면 나중에 작업하기 편해요

안감(안)

안감 목둘레 시접을 다리미도 접어둔다.

8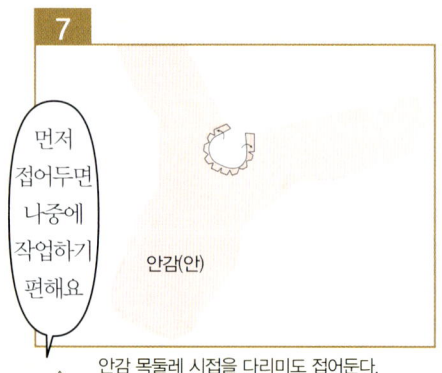

안감(안)

트임 끝 위치까지 재봉

겉감(안)

겉감 · 안감 각각 겉끼리 마주대어, 뒤중심을 트임 끝 위치까지 재봉한다.

9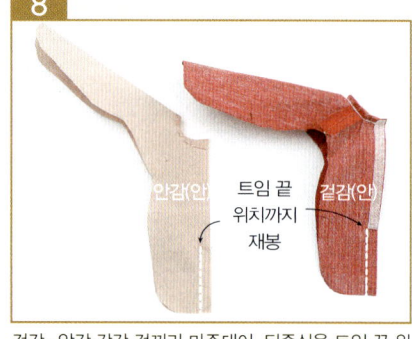

밑단, 진동둘레 재봉 (가위집에 바싹 달도록)

(안)

옆선은 박지 않는다

뒤중심의 시접은 가른다

겉감 · 안감을 겉끼리 마주댄다. 밑단과 진동둘레를 가위집에 바싹 닿는 위치까지 재봉한다.

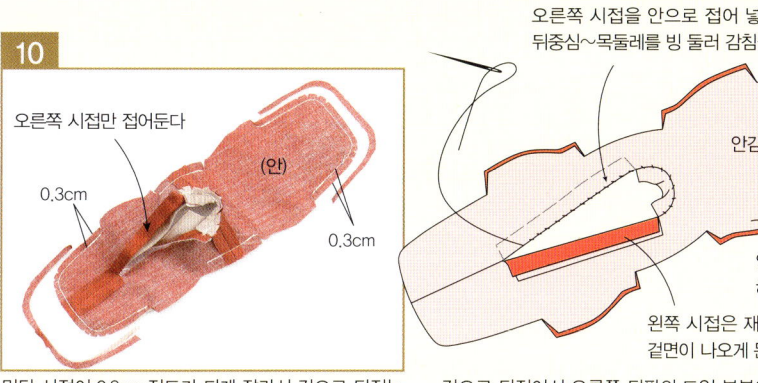

10

오른쪽 시접만 접어둔다

0.3cm

(안)

0.3cm

밑단 시접이 0.3cm 정도가 되게 잘라서 겉으로 뒤집는다.

오른쪽 시접을 안으로 접어 넣고, 뒤중심~목둘레를 빙 둘러 감침질

안감(겉)

옆선은 아무것도 하지 않은 상태

왼쪽 시접은 재봉하지 않고 겉면이 나오게 둔다

겉으로 뒤집어서 오른쪽 뒤판의 트임 부분에서 목둘레까지를 감침질한다.

11

칼라 윗단~겨드랑이 시접까지 쭉 이어서 붙인다

앞(겉)

칼라~앞판에 사선으로 장식끈을 붙여서, 절개된 느낌을 연출한다.

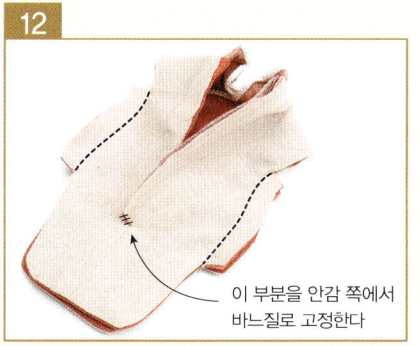

12

이 부분을 안감 쪽에서 바느질로 고정한다

앞판·뒤판을 겉끼리 마주대어 옆선을 재봉하고 시접은 가른다. 트임 부분의 시접이 겉으로 튀어나오지 않게 안감 쪽에서 고정해둔다.

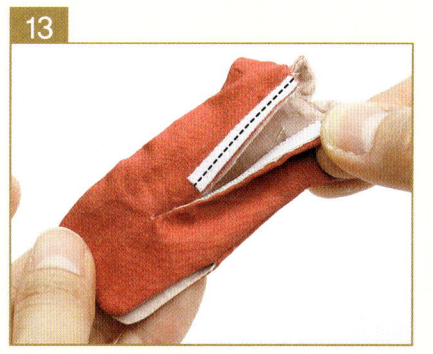

13

겉으로 뒤집어, 뒤판 시접에 0.5cm 폭의 벨크로를 3.5cm 길이로 잘라 붙여준다.

14

취향에 따라 장식끈을 달고, 차이나 단추풍의 장식을 달아준다.

15

차이나 드레스 완성.

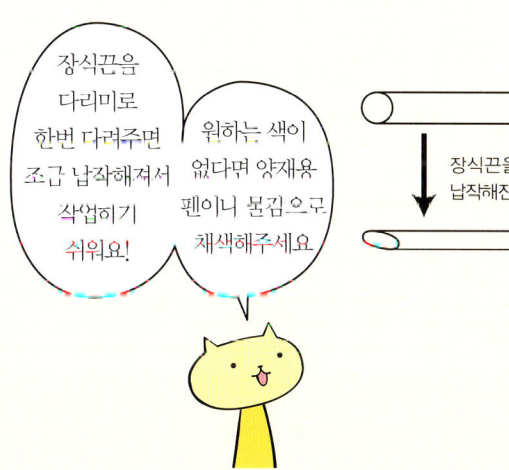

장식끈을 다리미로 한번 다려주면 조금 납작해져서 작업하기 쉬워요!

원하는 색이 없다면 양재용 펜이나 물감으로 채색해주세요

장식끈을 다림질로 눌러주면 납작해진다

릴리앙 실은 두께기 일정히고 곡선 부분도 깔끔하게 붙일 수 있어, 작은 옷 장식에 좋아요

변형

짧은
길이로
만들어도
귀여워요

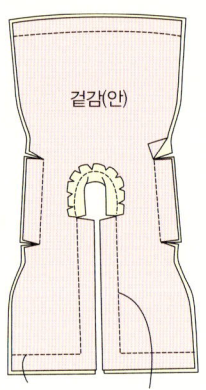

겉감(안)

겉감·안감을 겉끼리 마주대어 밑단과 뒤중심을 재봉한다
밑단 시접을 좁게 잘라 겉으로 뒤집는다

목둘레는 공그르기한다

뒤(겉)

0.5cm

1cm

벨크로를 뒤판 아래쪽에 놓고 반 정도
밖으로 나오도록 붙인다

진한 색 옷일 경우, 트임 사이로 면 파
스너가 보일 수 있으므로 앞 페이지처
럼 겹쳐지게 달아주는 것이 좋다

차이나 단추풍 장식 만들기

1

종이에 원하는 크기와 모양을 그려준다.

2
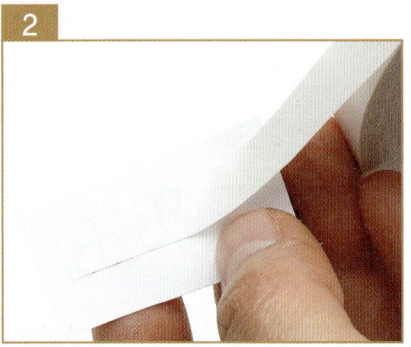
그림 위에 양면테이프를 붙인 후, 종이 부분을 떼어내서
접착면이 나오도록 한다.

3

접착면 위에 장식끈(릴리앙 실 등)을 모양대로 붙인다.

4

모양이 흐트러지지 않게 바느질로 고정하고 접착제로 붙
여 완전히 말린다. 조심스럽게 테이프에서 모양을 떼어
낸다.

다양한 형태의 장식을 만들 수 있다.

진주 비즈 등으로 장식해도 좋다.

후리소데
— KIMONO —

실물 크기

후리소데

원단 두께로 인해 옷이 두툼해지지 않도록 부분적으로 간략화 했어요.

상하로 분리되는 기모노라서 미니스커트와 코디해도 좋아요!

앞치마와 함께 메이드풍으로

미니스커트와 함께

---

1 → 패턴 P.76~78

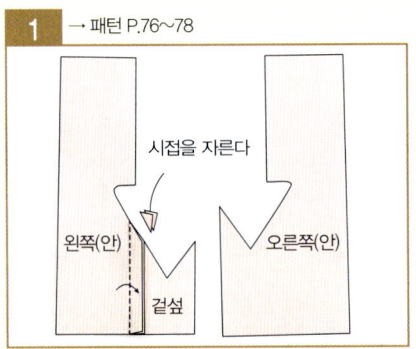

시접을 자른다

왼쪽(안)   오른쪽(안)

겉섶

겉자락(왼쪽)에만 겉섶(오쿠미)을 재봉해 붙인다. 시접은 중심 쪽으로 접고 삐져나온 시접은 잘라낸다. (입었을 때 위로 올라오는 쪽에 겉섶을 단다.)

2

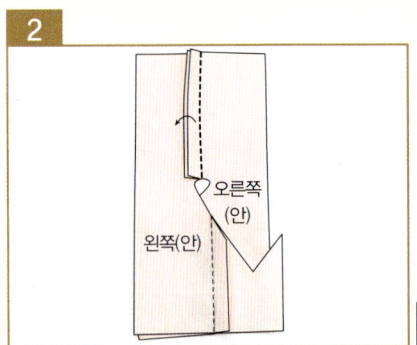

오른쪽(안)

왼쪽(안)

뒤중심을 재봉해 합친다. 시접은 왼쪽 몸판 쪽으로 접는다.

3

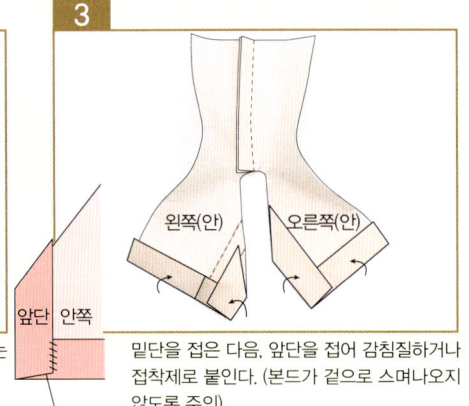

앞단   안쪽

왼쪽(안)   오른쪽(안)

밑단을 접은 다음, 앞단을 접어 감침질하거나 접착제로 붙인다. (본드가 겉으로 스며나오지 않도록 주의)

앞단 옷자락이 겉에서 보이지 않도록 접는다

4

칼라의 겉감·안감을 겉끼리 마주대어 재봉해 합친다

0.5cm

칼라 안감(안)

칼라 겉감(겉)

이쪽이 왼쪽 몸판 쪽 (위로 올라오는 쪽)

시접은 0.3cm 정도로 자른다

칼라 겉감(안)

칼라 안감(안)

시접은 0.3cm 정도가 되게 잘라서 겉감 쪽으로 넘긴다. 이때 꼼꼼하게 다림질해주면 깔끔하게 마무리된다

5

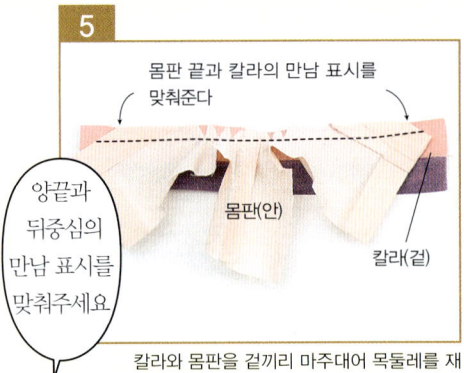

몸판 끝과 칼라의 만남 표시를 맞춰준다

양끝과 뒤중심의 만남 표시를 맞춰주세요

몸판(안)

칼라(겉)

칼라와 몸판을 겉끼리 마주대어 목둘레를 재봉한다.

6

양 끝을 접는다

칼라 안감이 조금 보이도록

칼라의 시접을 안으로 접어 넣고 바느질한다. 이때 칼라의 안감이 겉으로 살짝 나오도록 접어준다.

7

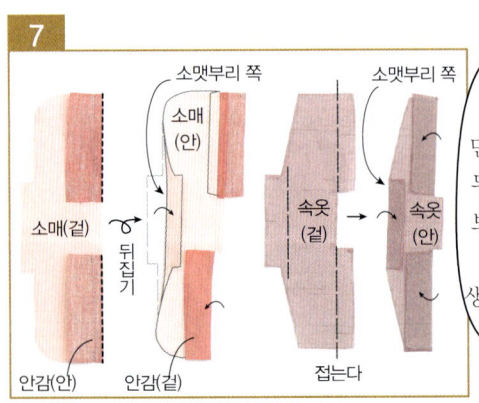

소맷부리 쪽   소맷부리 쪽

소매(안)   소매(겉)

소매(겉)

속옷(겉)   속옷(안)

뒤집기

안감(안)   안감(겉)

접는다

소매 아래 트임 부분에 안감을 재봉해 붙이고, 다림질해 안쪽으로 접는다. 후리소데와 함께 입는 속옷의 소맷부리와 트임 부분도 다림질해 안쪽으로 접어둔다. (미리 접어두면 편하다.)

8

속옷을 정식으로 만들면 너무 두툼해져서, 보이지 않는 부분은 생략했습니다

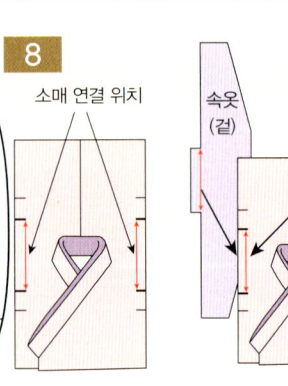

소매 연결 위치

소매 연결 위치

속옷(겉)   소매(안)

몸판(겉)

[속옷→몸판→소매] 형태가 되도록, 속옷과 소매 사이에 몸판을 끼운다. 소매 연결 위치를 재봉해 합친다.

*기모노의 속옷을 쥬방(襦袢)이라고 한다—편집자주

9

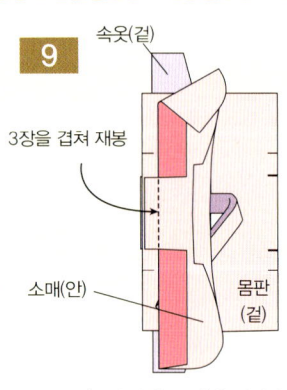

속옷(겉)

3장을 겹쳐 재봉

소매(안)   몸판(겉)

3장(몸판·속옷·소매)을 겹쳐서 소매 연결 위치를 재봉한다.

10

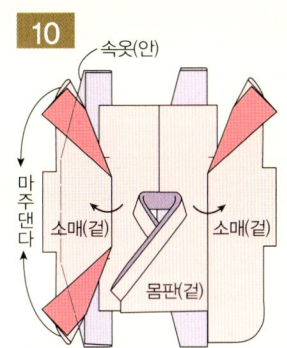

속옷(안)

마주댄다

소매(겉) 소매(겉)

몸판(겉)

소매, 속옷을 겉이 나오게 뒤집는다. 소매의 아랫자락을 겉끼리 마주댄다. 속옷의 아랫단도 겉끼리 마주댄다.

11

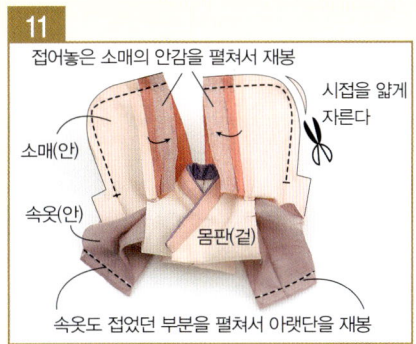

접어놓은 소매의 안감을 펼쳐서 재봉

시접을 얇게 자른다

소매(안)

속옷(안)

몸판(겉)

속옷도 접었던 부분을 펼쳐서 아랫단을 재봉

소맷부리와 트임 부분을 제외하고 소매를 재봉한다. (곡선 부분은 시접을 얇게 잘라서 올풀림 방지액을 발라준다.) 속옷은 아랫단만 재봉한다.

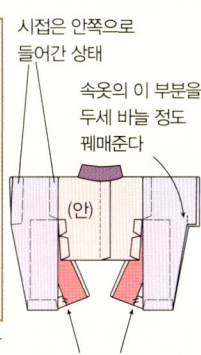

시접은 안쪽으로 들어간 상태

속옷의 이 부분을 두세 바늘 정도 꿰매준다

(안)

소매 안감은 시접 부분에 바늘로 고정해두면 좋다

12

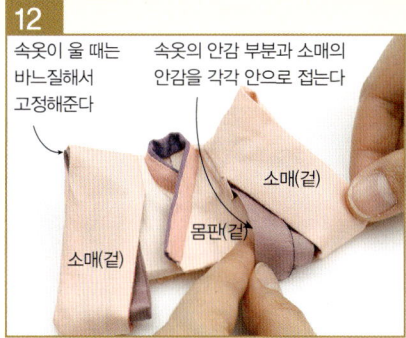

속옷이 울 때는 바느질해서 고정해준다

속옷의 안감 부분과 소매의 안감을 각각 안으로 접는다

소매(겉)

소매(겉) 몸판(겉)

겉이 나오게 뒤집어서, 속옷을 소매 안에 넣는다. 소맷부리도 안쪽으로 접어 넣는다. (소맷부리 시접은 접착제로 붙여둔다.)

13

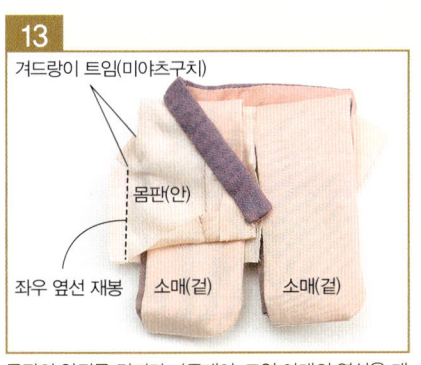

겨드랑이 트임(미야츠구치)

몸판(안)

좌우 옆선 재봉 소매(겉) 소매(겉)

몸판의 앞뒤를 겉끼리 마주대어, 트임 아래의 옆선을 재봉한다.

14

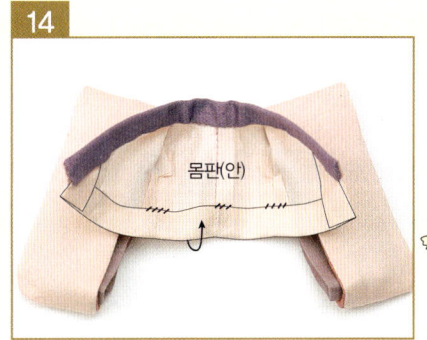

몸판(안)

옆선 시접은 나누고, 밑단을 접어 시접 부분을 바느질로 고정하거나 접착제로 붙인다. (접착제가 겉으로 스며 나오지 않게 주의)

15

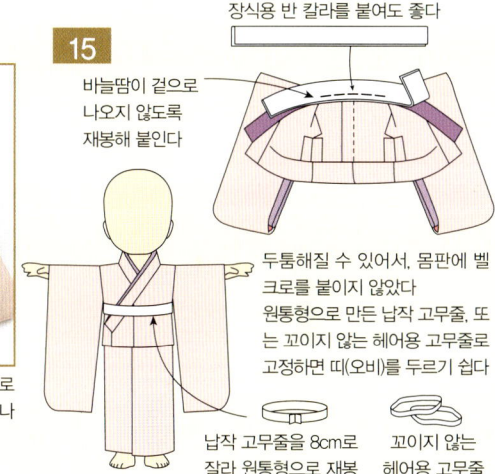

장식용 반 칼라를 붙여도 좋다

바늘땀이 겉으로 나오지 않도록 재봉해 붙인다

두툼해질 수 있어서, 몸판에 벨크로를 붙이지 않았다 원통형으로 만든 납작 고무줄, 또는 꼬이지 않는 헤어용 고무줄로 고정하면 띠(오비)를 두르기 쉽다

납작 고무줄을 8cm로 잘라 원통형으로 재봉

꼬이지 않는 헤어용 고무줄

16

이제 스커트를 만들 차례!

뉘숭심과 겉섶의 이음새에 핀턱 주름을 집아줍니다

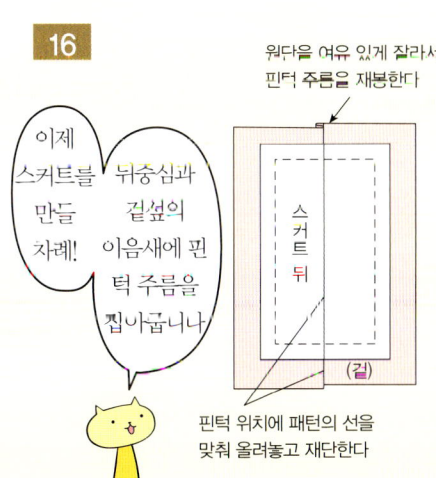

원단을 여유 있게 잘라서 핀턱 주름을 재봉한다

스커트 뒤

(겉)

핀턱 위치에 패턴의 선을 맞춰 올려놓고 재단한다

17

위쪽에 마스킹테이프를 붙여놓으면 위아래가 혼동되지 않는다

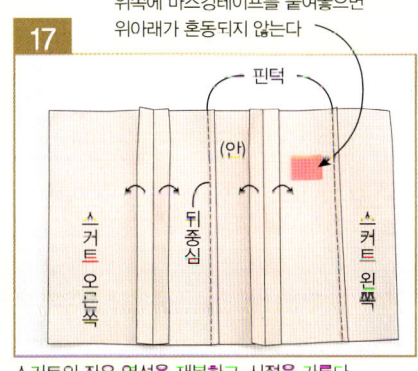

핀턱

(안)

스커트 오른쪽 뒤중심 스커트 왼쪽

스커트의 좌우 옆선을 재봉하고, 시접을 가른다.

18

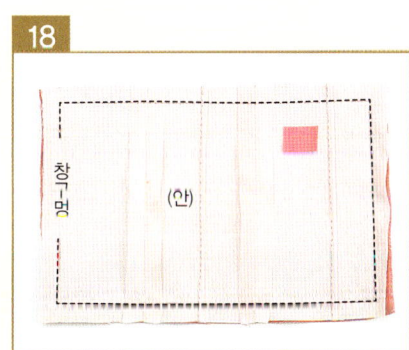

창구멍

(안)

앞에서 만든 스커트 겉감과 안감을 겉끼리 마주대어, 창구멍을 남기고 가장자리를 재봉한다. (겉감도 안감처럼 핀턱이나 쪽 이음 없이 간단히 만들어도 된다.)

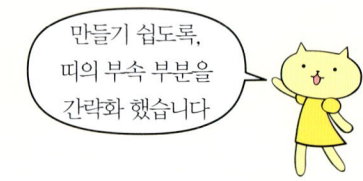

만들기 쉽도록, 띠의 부속 부분을 간략화 했습니다

19

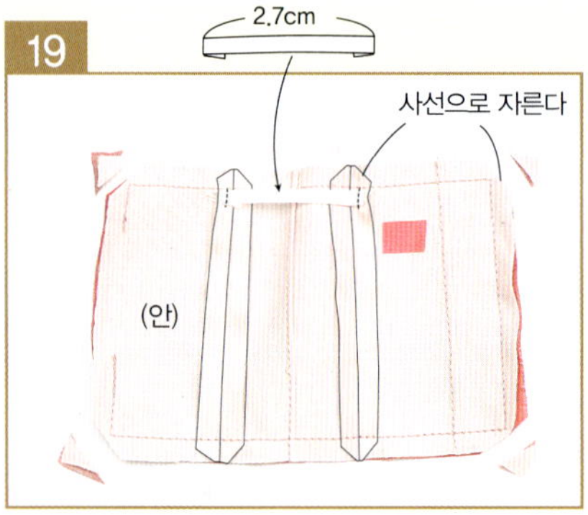

2.7cm

사선으로 자른다

(안)

모서리와 옆선 시접의 끝부분을 사선으로 자른다. 납작 고무줄(양끝을 접은 상태)을 2.7cm가 되게 잘라서, 옆선 시접 사이에 재봉해 붙인다. (살짝 당겨진 상태가 된다.)

20

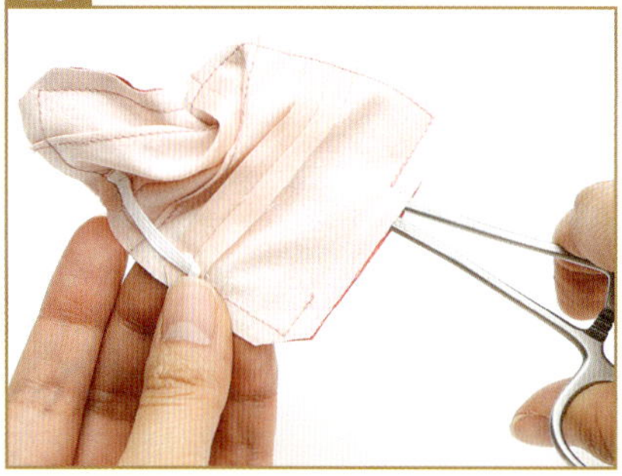

창구멍을 통해 겉으로 뒤집는다. 이때 겸자가 있으면 편하다.

21

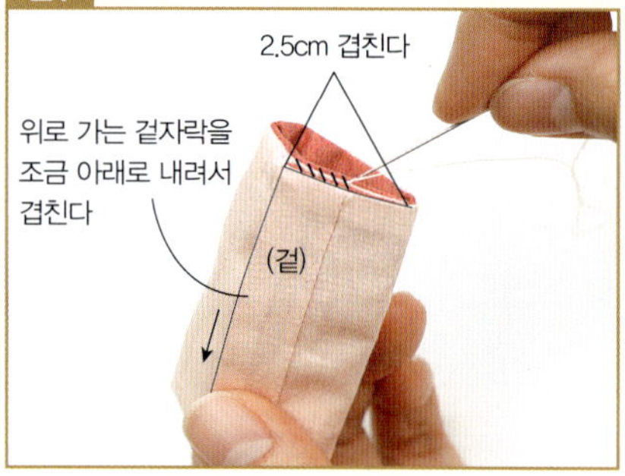

2.5cm 겹친다

위로 가는 겉자락을 조금 아래로 내려서 겹친다

(겉)

겉으로 뒤집어서 창구멍을 감침질한다. 앞단을 2.5cm 정도 겹쳐서 윗단을 바느질한다. 이때 겉자락을 조금 아래로 내려서 겹쳐주면 좋다.

띠(오비) 만들기

몸체 파츠

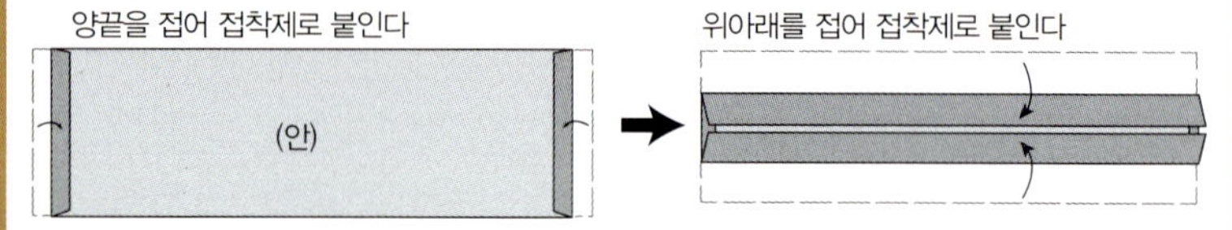

양끝을 접어 접착제로 붙인다
(안)
위아래를 접어 접착제로 붙인다

북 모양 파츠

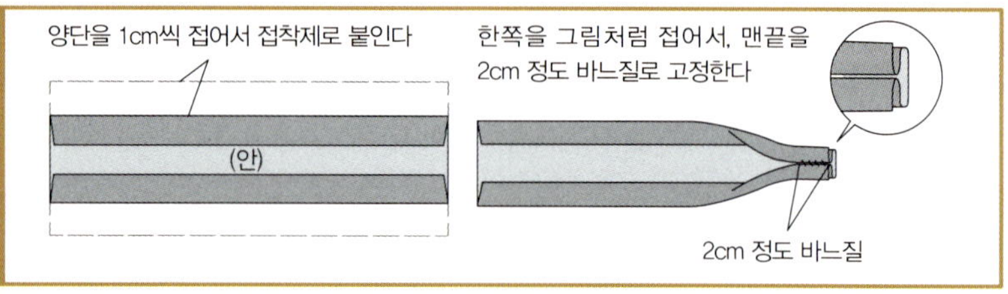

양단을 1cm씩 접어서 접착제로 붙인다
(안)
한쪽을 그림처럼 접어서, 맨끝을 2cm 정도 바느질로 고정한다
2cm 정도 바느질

시접은 접어서 접착제로 붙이지 않게 주의하세요

겉으로 스며 나오지 않게 주의하세요

날개 파츠

양단을 0.5cm씩 접어서 접착제로 붙인다
(안)
양끝을 접는다(접착제는 붙이지 않음)
열리지 않게 중심을 바느질한다

끈 파츠

당겨준다
11cm로 자른 끈
11cm로 자른 끈 2줄을 그림처럼 통과시켜서 당겨준다

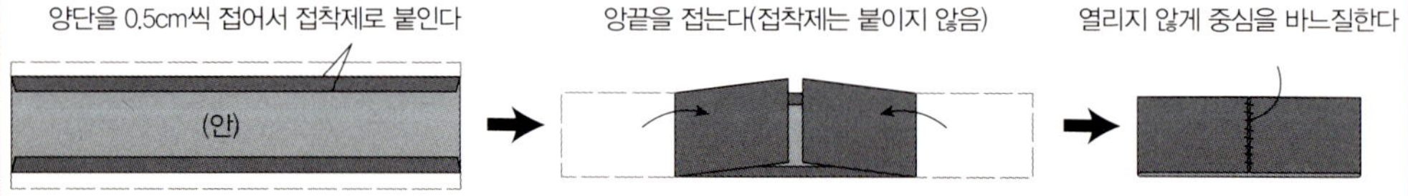

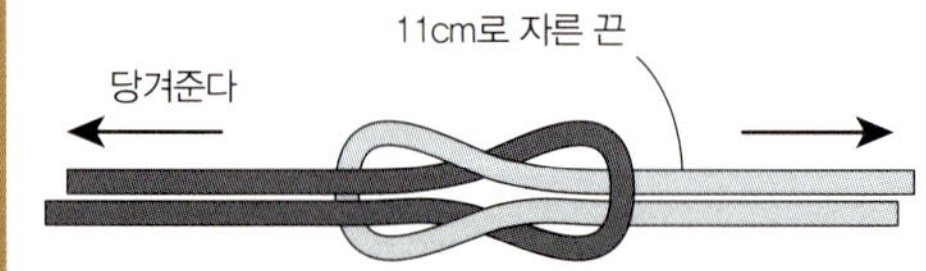

중심이 3겹이 되도록 모양을 잡아서 바느질로 고정한다

은행나무 잎 형태로 접어서 바느질로 고정한다

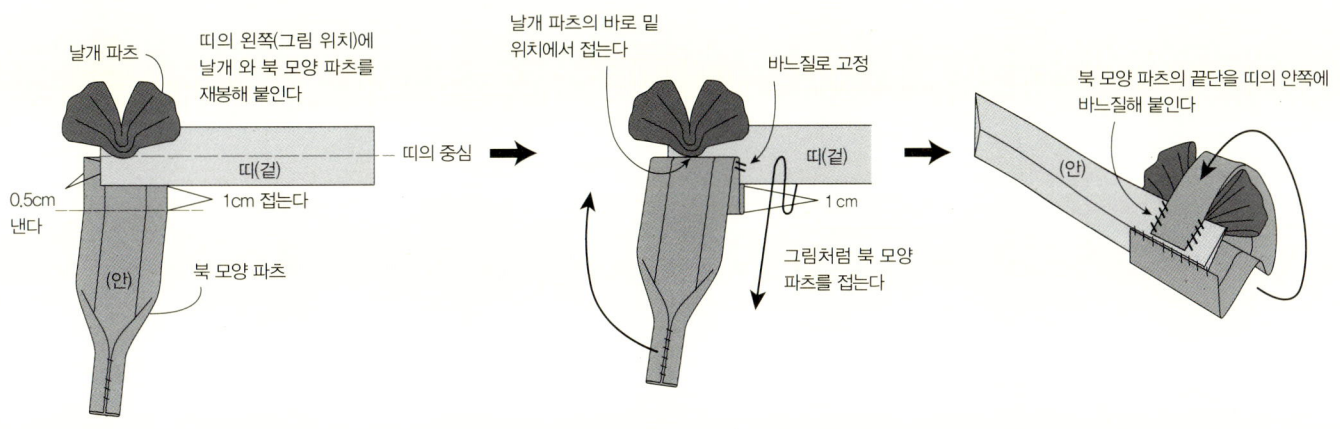

날개 파츠

띠의 왼쪽(그림 위치)에 날개 와 북 모양 파츠를 재봉해 붙인다

띠(겉)

띠의 중심

0.5cm 낸다

1cm 접는다

(안)

북 모양 파츠

날개 파츠의 바로 밑 위치에서 접는다

바느질로 고정

띠(겉)

1 cm

그림처럼 북 모양 파츠를 접는다

북 모양 파츠의 끝단을 띠의 안쪽에 바느질해 붙인다

(안)

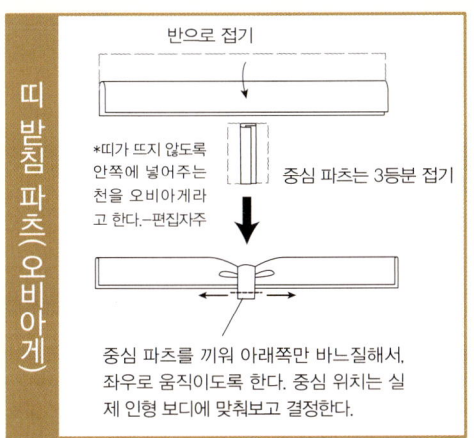

띠 받침 파츠(오비아게)

반으로 접기

*띠가 뜨지 않도록 안쪽에 넣어주는 천을 오비아게라 고 한다.─편집자주

중심 파츠는 3등분 접기

중심 파츠를 끼워 아래쪽만 바느질해서, 좌우로 움직이도록 한다. 중심 위치는 실제 인형 보디에 맞춰보고 결정한다.

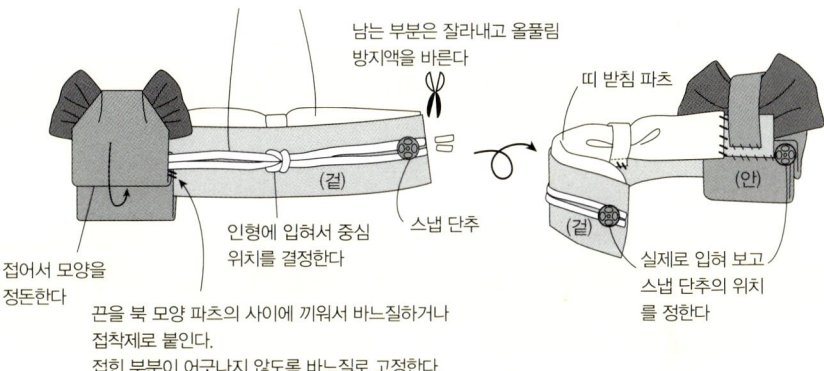

끈과 띠 받침 파츠는 띠를 둥글게 만든 상태에서 재봉해 붙인다 (평면 상태에서 붙이면 길이가 부족할 수 있으니 주의)

남는 부분은 잘라내고 올풀림 방지액을 바른다

띠 받침 파츠

(겉)

스냅 단추

(안)

(겉)

접어서 모양을 정돈한다

인형에 입혀서 중심 위치를 결정한다

끈을 북 모양 파츠의 사이에 끼워서 바느질하거나 접착제로 붙인다. 접힌 부분이 어긋나지 않도록 바느질로 고정한다.

실제로 입혀 보고 스냅 단추의 위치를 정한다

21

후리소데 완성

기모노 전용 원단의 경우, 소재를 미리 확인해야 한다!

젖으면 줄어든다

주의

레이온 100% 원단은 물에 젖으면 줄어 들거나 딱딱해질 수 있다.

젖어도 줄어들지 않는 원단을 찾아요

분무기로 몇 번 뿌렸다고 줄어들다니, 이런 실패는 하지 않도록!

사진의 띠는 '금란'이라는 원단을 사용해 만들었다.

일본풍 문양의 면 손수건도 사용 가능하다. 이처럼 축면 가공이 되어 있는 원단도 있다.

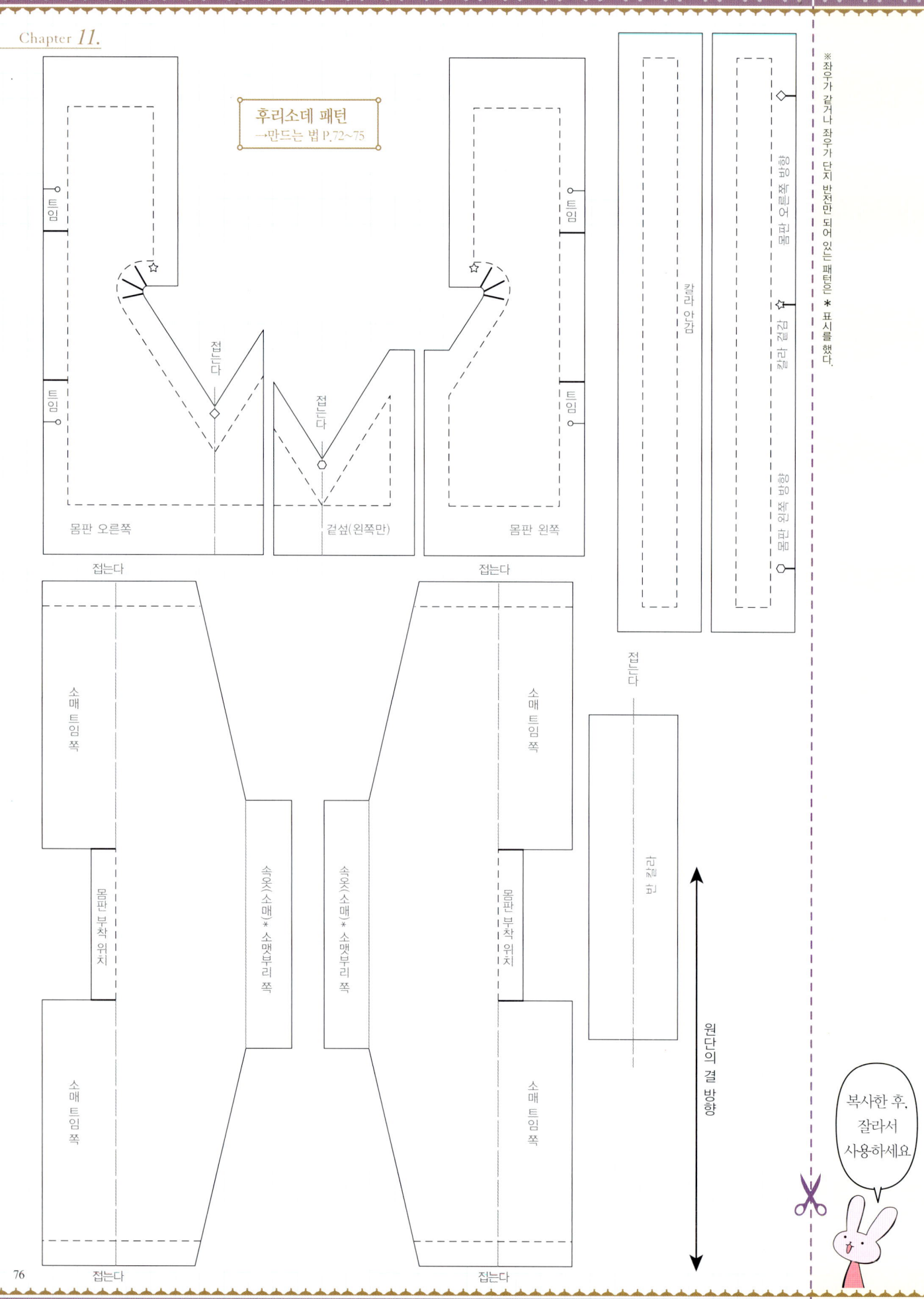

후리소데 패턴
→만드는 법 P.72~75

※좌우가 같거나 좌우가 단지 반전만 되어 있는 패턴은 ＊ 표시를 했다.

틈임

틈임

칼라 안감

고름 떼어 붙일 방향

왼쪽 고름

고름 떼어 붙일 방향

접는다

접는다

몸판 오른쪽

겉섶(왼쪽만)

몸판 왼쪽

접는다

접는다

접는다

소매 트임 쪽

소매 트임 쪽

몸판 부착 위치

속옷(소매)＊ 소맷부리 쪽

속옷(소매)＊ 소맷부리 쪽

몸판 부착 위치

뒤 고름

소매 트임 쪽

소매 트임 쪽

원단의 결 방향

접는다

접는다

복사한 후, 잘라서 사용하세요

※좌우가 같거나 좌우가 단지 반전만 되어 있는 패턴은 ✻ 표시를 했다.

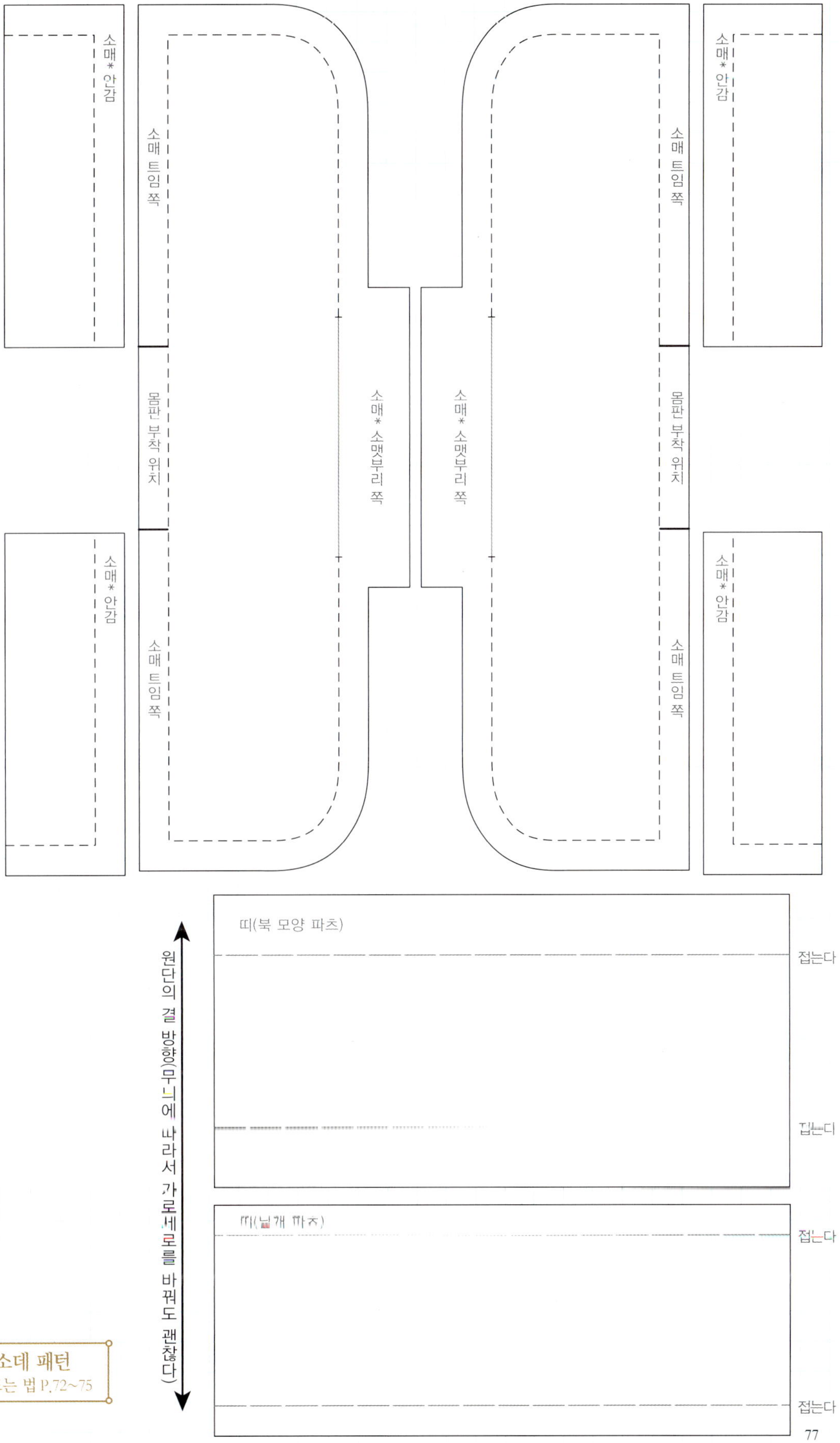

소매 ✻ 안감

소매 트임 쪽

몸판 부착 위치

소매 ✻ 소맷부리 쪽

소매 ✻ 소맷부리 쪽

소매 ✻ 안감

소매 트임 쪽

몸판 부착 위치

소매 ✻ 안감

소매 트임 쪽

소매 ✻ 안감

소매 트임 쪽

원단의 결 방향(무늬에 따라서 가로세로를 바꿔도 괜찮다)

띠(북 모양 파츠)

접는다

집는다

띠(날개 파츠)

접는다

접는다

보사인 후, 잘라서 사용하세요

후리소데 패턴
→만드는 법 P.72~75

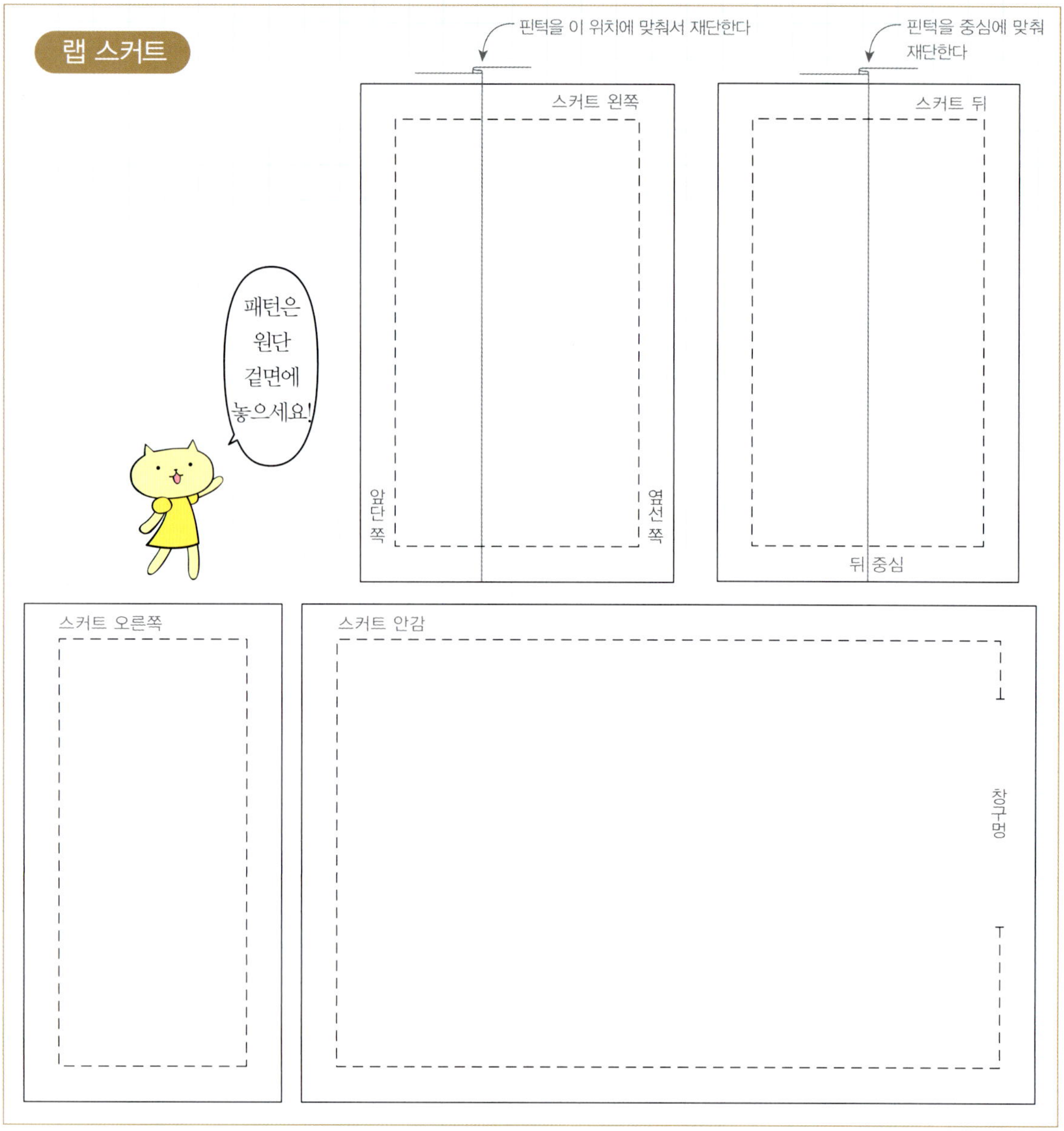

랩 스커트

핀턱을 이 위치에 맞춰서 재단한다

핀턱을 중심에 맞춰 재단한다

스커트 왼쪽

스커트 뒤

패턴은 원단 겉면에 놓으세요!

앞단 쪽

옆선 쪽

뒤 중심

스커트 오른쪽

스커트 안감

창구멍

후리소데 패턴
→만드는 법 P.72~75

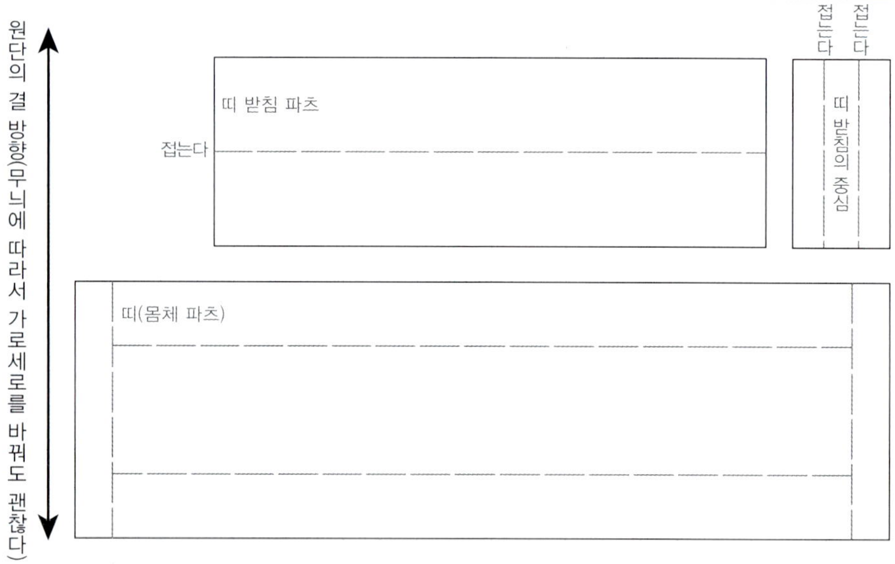

원단의 결 방향(무늬에 따라서 가로세로를 바꿔도 괜찮다)

접는다

접는다

띠 받침 파츠

접는다

띠 받침의 중심

띠(몸체 파츠)

복사한 후, 잘라서 사용하세요

Chapter *12.*

하카마
— HAKAMA —

실물 크기

하카마

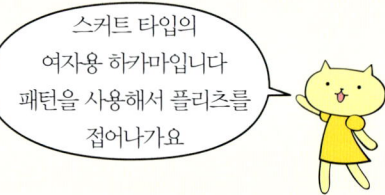

스커트 타입의 여자용 하카마입니다 패턴을 사용해서 플리츠를 접어나가요

1 → 패턴 P.82~83

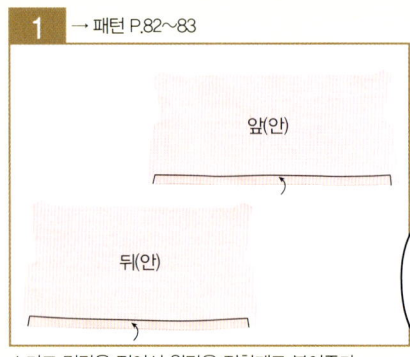

앞(안)

뒤(안)

스커트 밑단을 접어서 원단용 접착제로 붙여준다.

2

패턴은 복사해 사용하세요.

접기 전용 패턴의 뒷면 전체에 양면테이프를 붙여서 자른다. 원단 등에 몇 번 붙였다 뗐다 해서 접착력을 약하게 만들어두면 좋다.

3 플리츠 가이드 위에 밑단 처리를 한 하카마 원단을 놓는다. 안쪽에 둥글게 말아준 마스킹테이프를 붙여서 고정하면 미끄러지지 않는다.

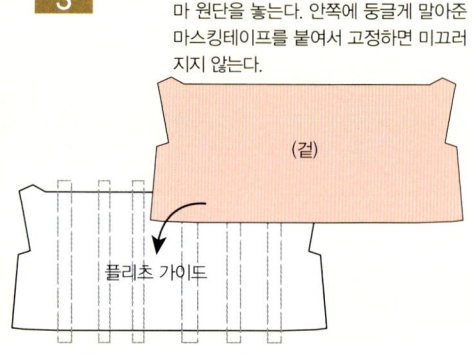

(겉)

플리츠 가이드

※책 위에서 작업하는 것이 싫다면 복사해서 사용해도 된다

4

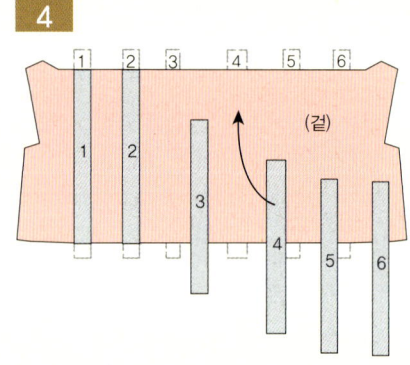

(겉)

플리츠 가이드에 맞춰서, 접기 전용 패턴을 하카마 원단에 붙여나간다.

5

붙여놓은 접기 전용 패턴 모두가 안쪽으로 들어가 있다

가이드에 맞춰서, 다림질로 플리츠를 접어준다. (다림질할 때 양면테이프가 녹지 않는지 다른 원단에 먼저 테스트해본다.)

6

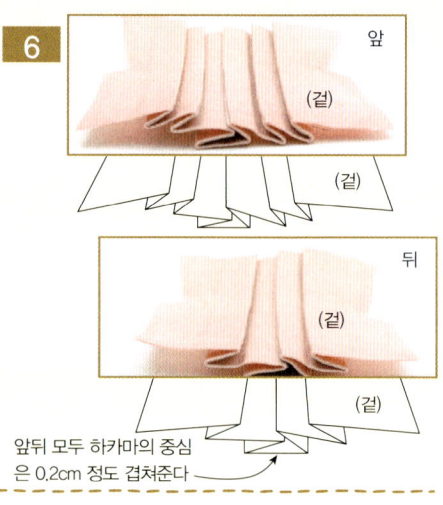

앞

(겉)

(겉)

뒤

(겉)

(겉)

앞뒤 모두 하카마의 중심은 0.2cm 정도 겹쳐준다

7

붙여 놓았던 패턴을 떼어내는 것을 잊지 마세요

플리츠가 망가지지 않도록 조심해서 접기 전용 패턴을 떼어내고, 마스킹테이프로 고정한다.

8

양재용 스틱 접착제가 편리해요!

(겉)

하카마 위쪽 양옆(笹襞)을 겉감 쪽으로 2번 접어서 접착제로 붙여준다.

9 띠의 만남 표시와 하카마의 뒤중심을 맞춘다

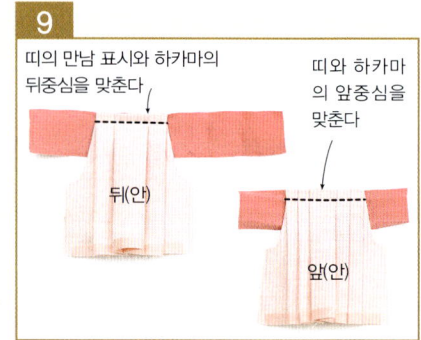

띠와 하카마의 앞중심을 맞춘다

뒤(안)

앞(안)

하카마의 중심과 띠의 만남 표시를 맞춰서, 앞뒤 하카마에 띠를 붙인다.

10

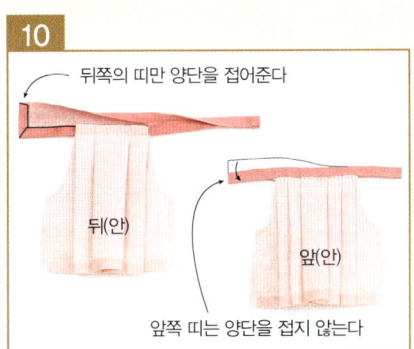

뒤쪽의 띠만 양단을 접어준다

뒤(안)

앞(안)

앞쪽 띠는 양단을 접지 않는다

시접 부분을 안으로 감싸 넣듯이 띠를 접어 재봉한다. 또는 접착제로 붙인다.

11

(안)

하카마의 앞뒤를 겉끼리 마주대어 옆선을 박는다. 시접은 갈라둔다.

12

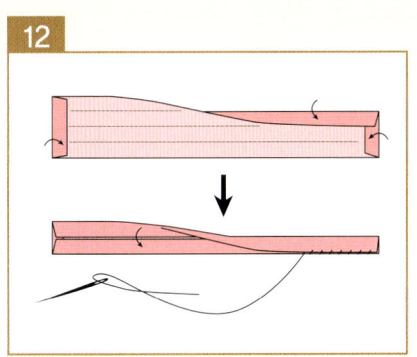

나비매듭용 원단을 접어서 바느질한다. 또는 접착제로 붙인다.

13

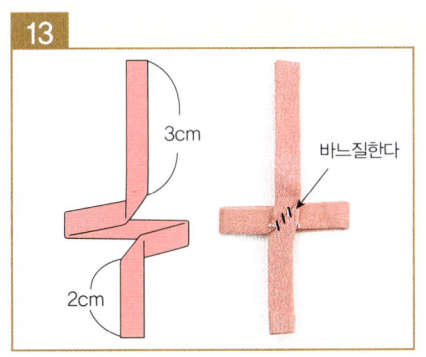

3cm

바느질한다

2cm

나비매듭용 원단을 그림처럼 십자 형태로 접은 후, 안쪽에서 바느질로 고정한다.

14

이음매가 없는 쪽을 덮어준다

긴 쪽을 접어서 접착제로 붙인다.

15

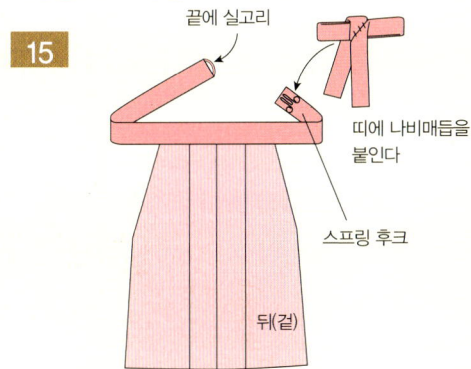

끝에 실고리

띠에 나비매듭을 붙인다

스프링 후크

뒤(겉)

뒤쪽 띠의 짧은 쪽에 스프링 후크를 달고, 긴 쪽 끝에 실고리를 달아준다. 만들어 놓은 나비매듭을 바느질해 붙인다.

16

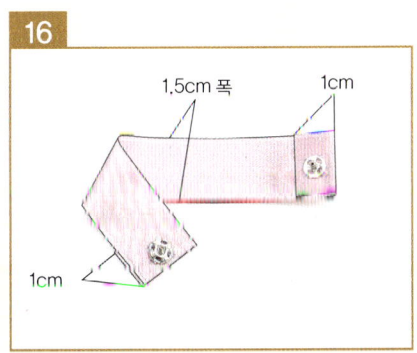

1.5cm 폭

1cm

1cm

1.5cm 폭의 리본을 11cm가 되게 자른다. 리본의 양끝을 1cm 정도 접어 접착제로 붙이고, 스냅 단추를 단다.

17

리본이 띠의 위쪽으로 조금 보이게 한다

앞쪽 허리띠와 리본의 앞중심을 맞춘다. 인형에게 입혔을 때처럼 띠를 원형으로 만든 상태에서 리본을 접착제로 붙인다. 입히고 벗길 때 떨어지지 않도록 바느질로 고정해도 좋다.

18

나비매듭은 씨 어느 쪽에 붙여도 괜찮아요

하카마 완성.

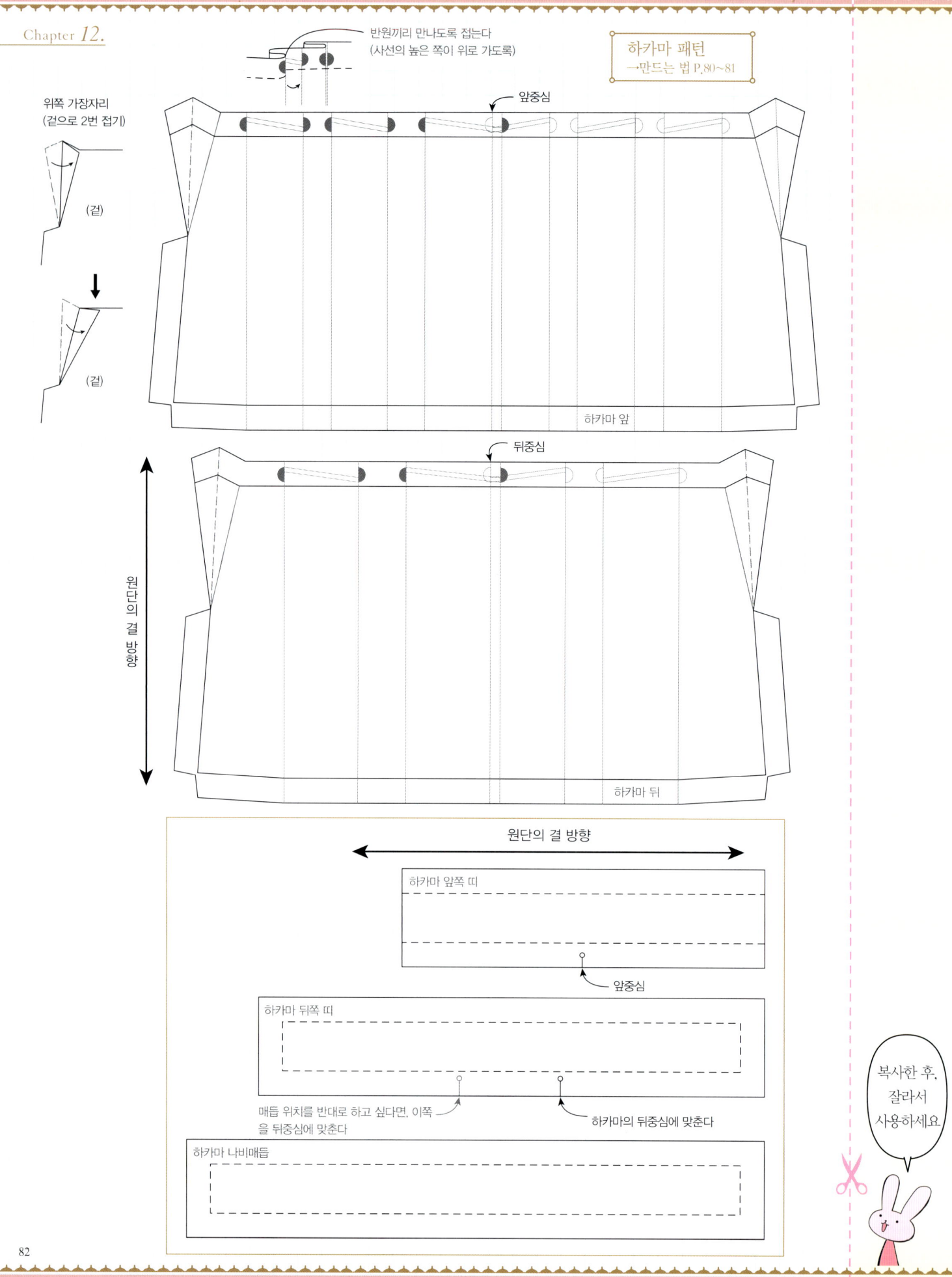

반원끼리 만나도록 접는다
(사선의 높은 쪽이 위로 가도록)

하카마 패턴
→만드는 법 P.80~81

위쪽 가장자리
(겉으로 2번 접기)

(겉)

(겉)

앞중심

하카마 앞

뒤중심

원단의 결 방향

하카마 뒤

원단의 결 방향

하카마 앞쪽 띠

앞중심

하카마 뒤쪽 띠

매듭 위치를 반대로 하고 싶다면, 이쪽
을 뒤중심에 맞춘다

하카마의 뒤중심에 맞춘다

하카마 나비매듭

복사한 후,
잘라서
사용하세요

플리츠 가이드(이 위에 재단한 원단을 놓는다)

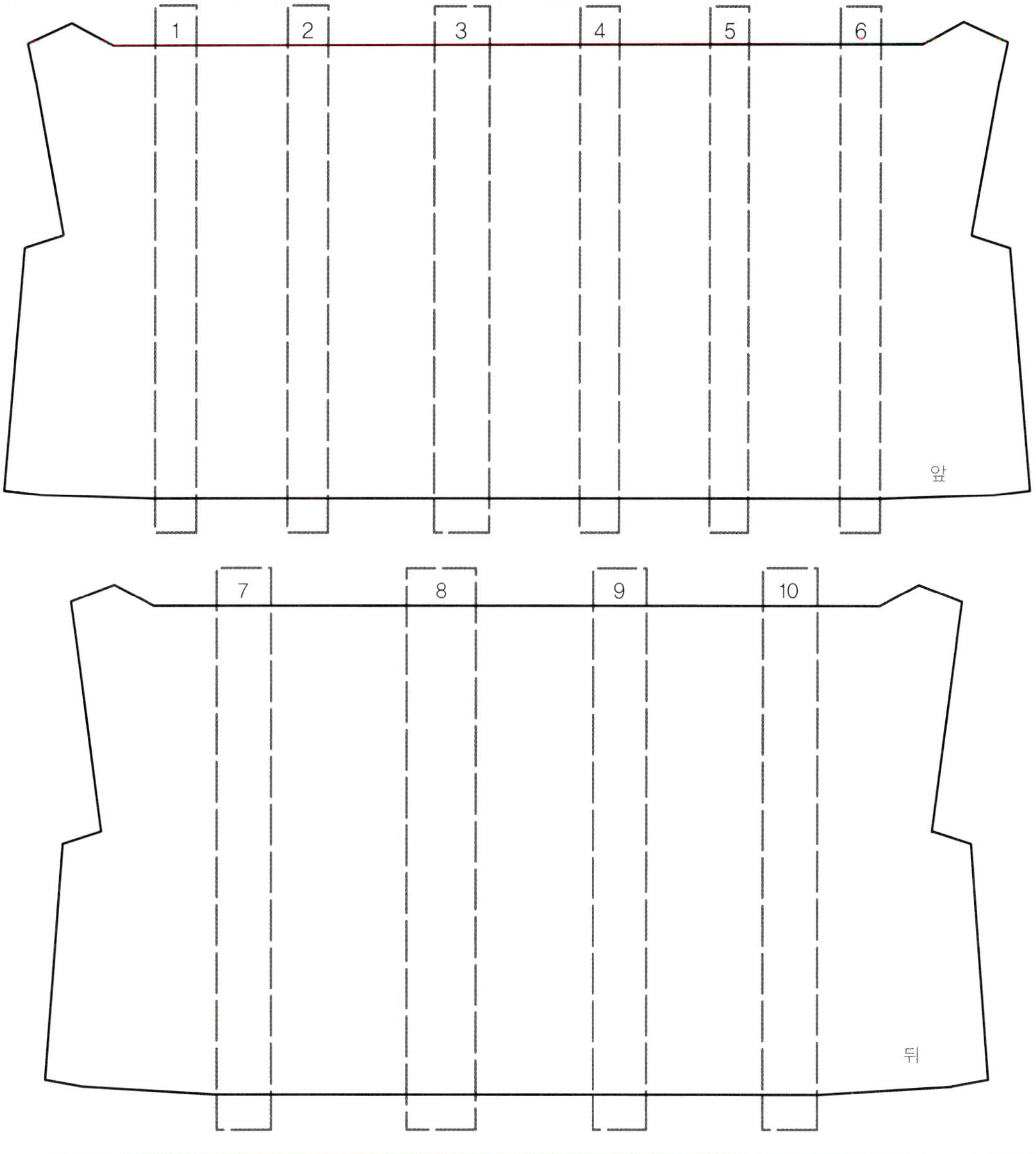

| 1 | 2 | 3 | 4 | 5 | 6 |

앞

| 7 | 8 | 9 | 10 |

뒤

가이드용 패턴 (복사해서 뒤쪽에 양면테이프를 붙인 후 원단에 접착)

※앞은 3번, 뒤는 8번의 크기가 다르다

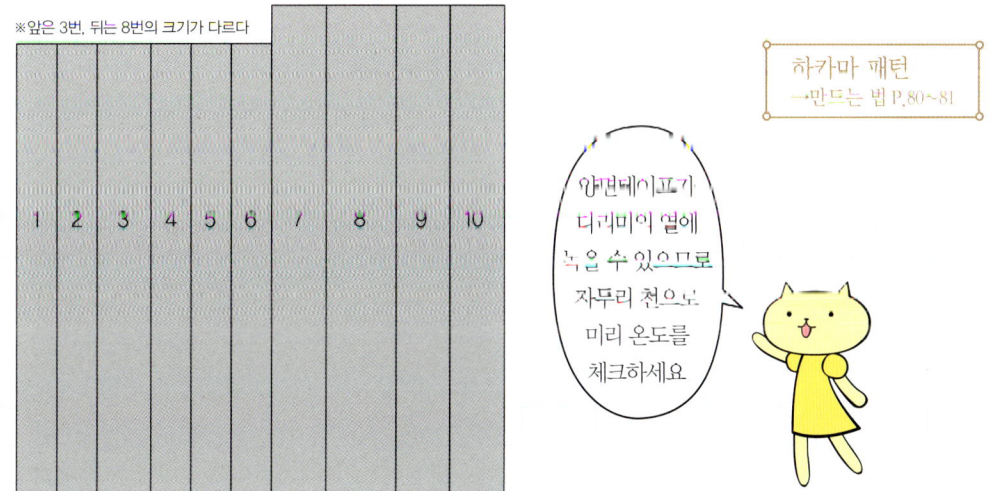

1 2 3 4 5 6 7 8 9 10

하카마 패턴
→만드는 법 P.80~81

양면테이프가
다리미의 열에
녹을 수 있으므로
자투리 천으로
미리 온도를
체크하세요

복사한 후,
잘라서
사용하세요

Chapter *13.*

전신 동물옷

— MASCOT COSTUME —

실물 크기

전신 동물옷

후드와 몸통이 분리되이 있어요

후드 + 원피스 조합도 귀여울 듯!

1 → 패턴 P.88~89

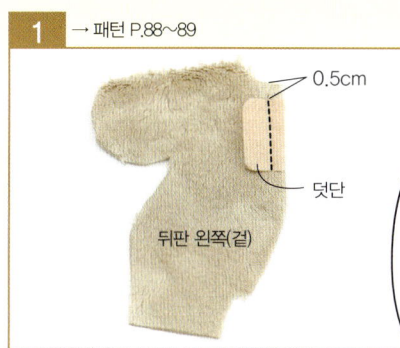

0.5cm

덧단

뒤판 왼쪽(겉)

뒤판 왼쪽에 펠트 소재의 덧단을 재봉해 달아준다.
(위에서 0.5cm 아래)

2

재봉하지 않은 부분이 가위집 역할을 해서 울지 않습니다

트임 끝

뒤(안)

좌우 뒤판을 겹친다

0.5cm

좌우 뒤판을 겉끼리 마주대어, 뒤중심의 트임 끝 위치(덧단 바로 아래)까지 재봉한다. 밑아래 시접 0.5cm는 재봉하지 않는다.

3

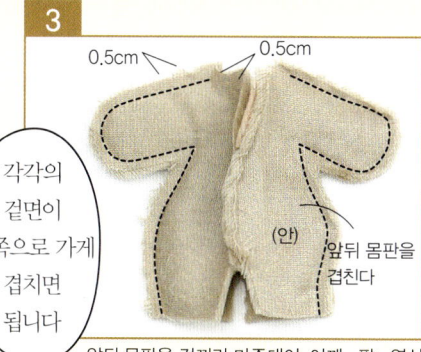

각각의 겉면이 안쪽으로 가게 겹치면 됩니다

0.5cm   0.5cm

(안)

앞뒤 몸판을 겹친다

앞뒤 몸판을 겉끼리 마주대어, 어깨~팔~옆선을 이어서 재봉한다. 목둘레 시접 0.5cm는 재봉하지 않는다.

4

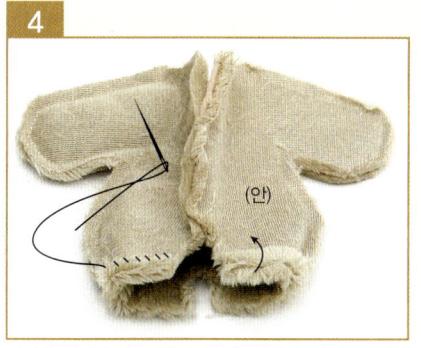

(안)

밑단을 접어서 바느질한다. 푹신푹신해서 재봉틀로 박기 어려운 두께일 경우, 손바느질한다.

5

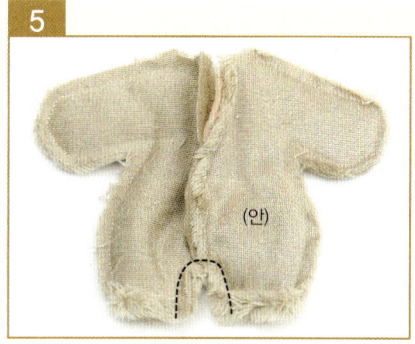

(안)

밑아래를 재봉한다. 겉으로 뒤집었을 때 운다면, 커브 부분에 가위집을 살짝 넣어준다. (너무 많이 자르지 않도록 주의)

6

목둘레~뒤중심의 시접을 옆쪽의 트임 끝 위치까지 바느질해준다

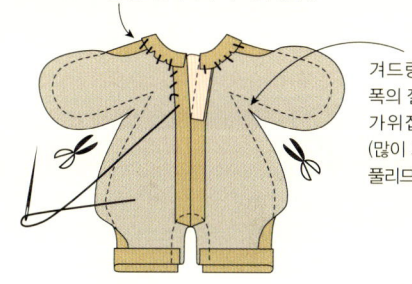

겨드랑이는 시접 폭의 절반 정도에 가위집을 넣는다 (많이 자르면 올이 풀리므로 주의)

목둘레와 오른쪽 뒤판의 단을 안쪽으로 접어 바느질한다. 시접을 접기 어려운 경우, 가위집을 살짝 넣는다. (너무 많이 자르지 않도록 주의)

7

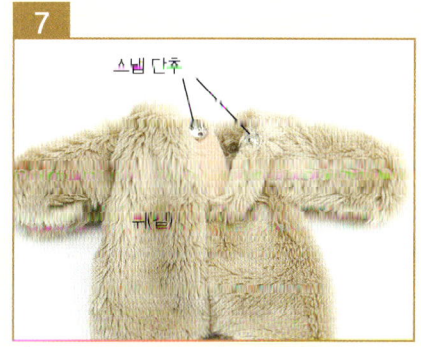

스냅 단추

뒤(안)

겉으로 뒤집어서 트임 부분에 스냅 단추를 단다. 덧단의 아래쪽을 가볍게 바느질주면 겉으로 튀어나오지 않는다.

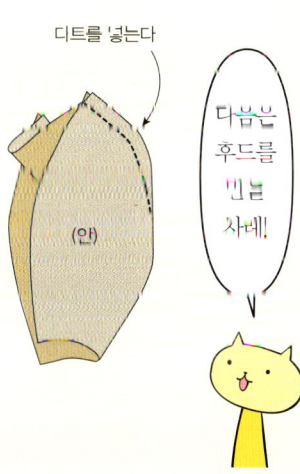

다트를 넣는다

(안)

다음은 후드를 만들 차례!

8

각각 좌우의 다트를 재봉한다

후드 안감(안)   후드 겉감(안)

후드 안감·겉감 각각에 다트를 넣는다. 안감은 신축성이 있는 니트 원단을 사용해야 머리에 씌우기 쉽다.

9

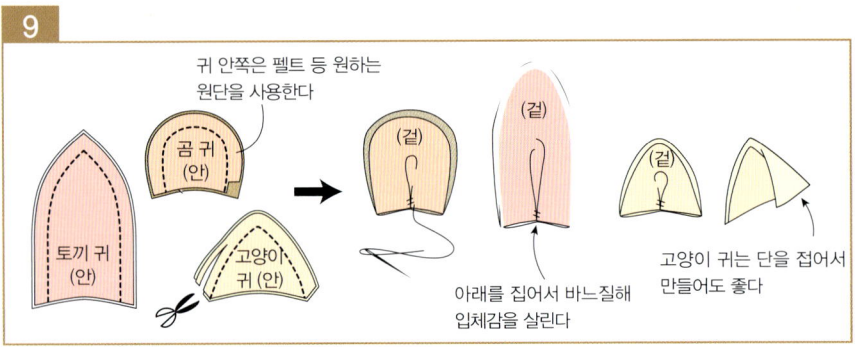

귀 안쪽은 펠트 등 원하는
원단을 사용한다

곰 귀
(안)

토끼 귀
(안)

고양이
귀 (안)

(겉)

(겉)

아래를 집어서 바느질해
입체감을 살린다

(겉)

고양이 귀는 단을 접어서
만들어도 좋다

귀를 만든다. 보아털 원단과 귀 안쪽 원단을 겉끼리 마주대어, 아래쪽을 제외하고 재봉한다. 시접은 0.3cm 정도가 되게
잘라 겉으로 뒤집는다.

10

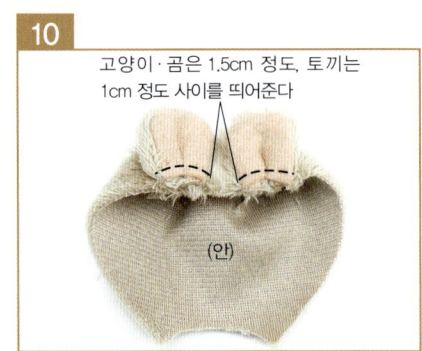

고양이·곰은 1.5cm 정도, 토끼는
1cm 정도 사이를 띄어준다

(안)

후드 겉감 가운데에 귀를 바느질해서 임시 고정한다. 귀
의 위치는 원하는 대로 바꿔도 된다.

11

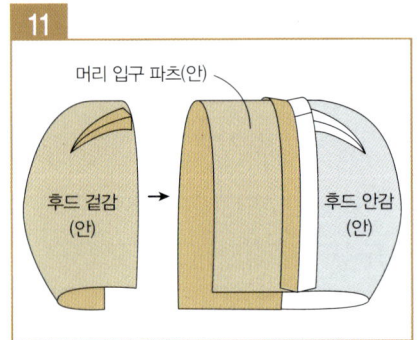

머리 입구 파츠(안)

후드 겉감
(안)

후드 안감
(안)

후드의 겉감·안감을 머리 입구 파츠와 각각 겉끼리 마
주대어 재봉한다.

12

후드 겉감
(안)

머리 입구 파츠
(안)

후드 안감
(안)

머리 입구 파츠를 중심으로 후드가 좌우로 재봉된 상태.

13

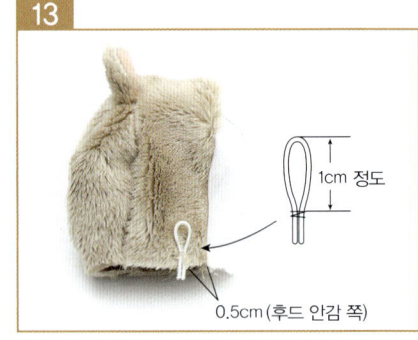

1cm 정도

0.5cm (후드 안감 쪽)

겉이 나오게 뒤집는다. 둥근 고무줄로 고리를 만들어, 머
리 입구 파츠(안감 쪽) 아래에 바느질로 임시 고정한다.

14

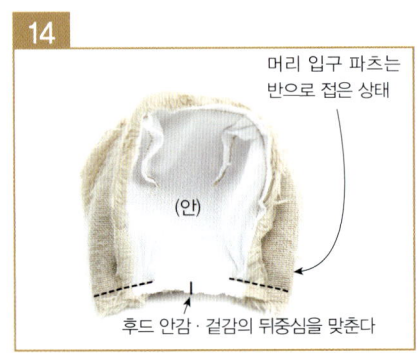

머리 입구 파츠는
반으로 접은 상태

(안)

후드 안감·겉감의 뒤중심을 맞춘다

이번엔 안으로 뒤집어 겉감·안감을 겉끼리 마주대고,
목둘레 부분을 재봉한다. 이때, 전체를 재봉하지 말고 창
구멍을 남겨둔다.

15

'코튼 펄' 등 겉이
까칠까칠한 비즈는
잘 미끄러지지 않
는다

다시 겉으로 뒤집어서 창구멍을 바느질로 막는다. 고리
반대쪽에 직경 0.7cm 정도의 진주 비즈를 달아준다.(작
은 단추도 OK)

전신 동물옷 완성.

동물 귀 카추샤 변형

화장품 용기 등 작은 플라스틱 공병에 패턴을 붙여, 플라스틱채로 커터나 가위로 패턴을 잘라준다.

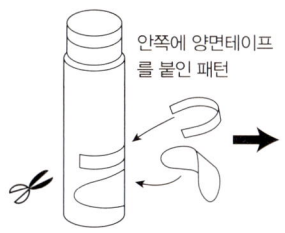

안쪽에 양면테이프를 붙인 패턴

머리 모양에 맞춰 패턴을 굽히거나 펴준 다음, 양면테이프나 접착제를 사용해 패턴을 원단으로 감싸준다.

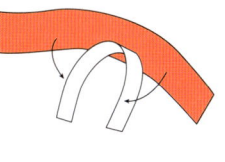

얇고 넓은 카추샤는 안쪽에 미끄럼 방지용 합피 등을 붙이는 것이 좋다. (알맞은 크기로 잘라 사용)

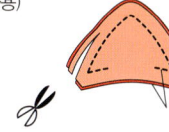

겉으로 뒤집어 창구멍을 막고 카추샤에 붙인다.

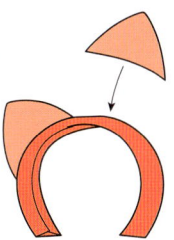

동물 귀 아래 부분은 창구멍을 남기고 0.5cm 안쪽을 박는다.

참고 작품은 엄지와 검지로 눌러도 쉽게 찌그러지는 강도의 직경 3cm 빈병을 사용했다.

보아털 원단에 대하여

실제 크기

참고 작품은 이정도 볼륨의 퍼나 보아털 원단을 사용했다.

시판되는 도톰한 타올을 사용해도 좋다.

이렇게 바탕이 니트지로 되어 있는 경우, 올이 잘 풀리지 않는다

퍼나 보아털의 바탕은 대부분 니트지이기 때문에 올 풀림 방지액을 바르지 않아도 된다. 가위집을 깊게 넣을 경우에만 발라준다.

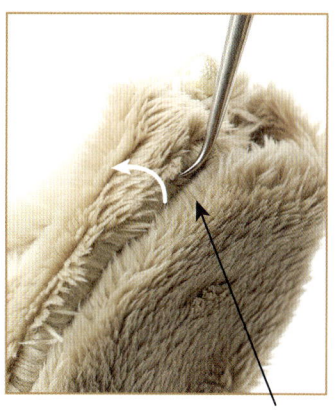

털이 시접 부분에 끼어 있는 곳은 송곳을 이용해 밖으로 빼준다.

재단할 때 털 날림이 심하면 한 비닐봉지 안에 넣고 자르세요

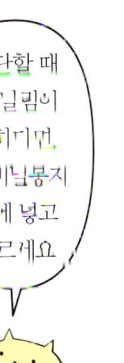

정전기로 인해 원단 부스러기가 손에 달라붙으면, 분무기로 물을 뿌려 제거한다.

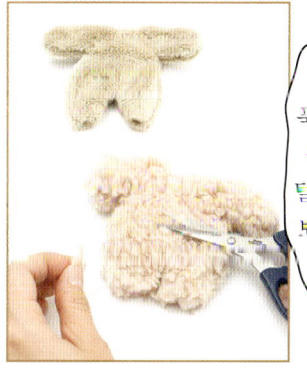

너무 푹신하면 뷰놈이 털 뭉치로 보일시두 …

오비츠11 사이즈의 경우, 푸들 퍼 등 푹신한 소재는 털의 끝을 잘라주는 것이 좋다.

바탕 원단이 잘 보임 ✕

바탕 원단이 보이시 않음 ⭕

털을 짧게 잘라도 바탕 원단이 보이지 않는 소재가 좋다.

전신 동물옷 패턴
→만드는 법 P.85~87

전신동물옷 덧단

전신동물옷 앞

전신동물옷 왼쪽뒤*

전신동물옷 오른쪽 뒤*

트임 끝

트임 끝

전신동물옷 후드　머리 입구 파츠

※ 좌우가 같거나 좌우가 단지 반전만 되어 있는 패턴은 ＊ 표시를 했다.

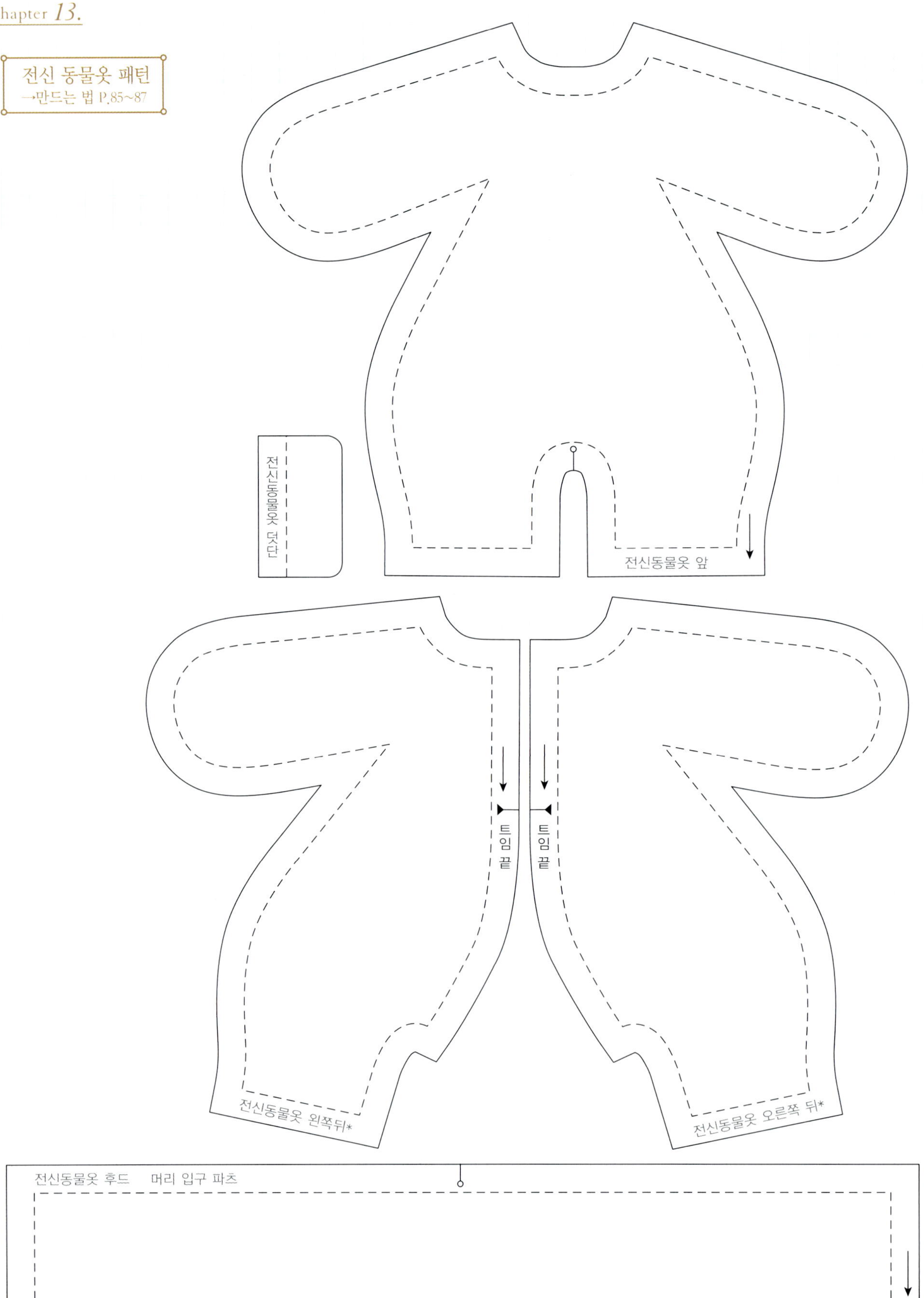

복사한 후, 잘라서 사용하세요

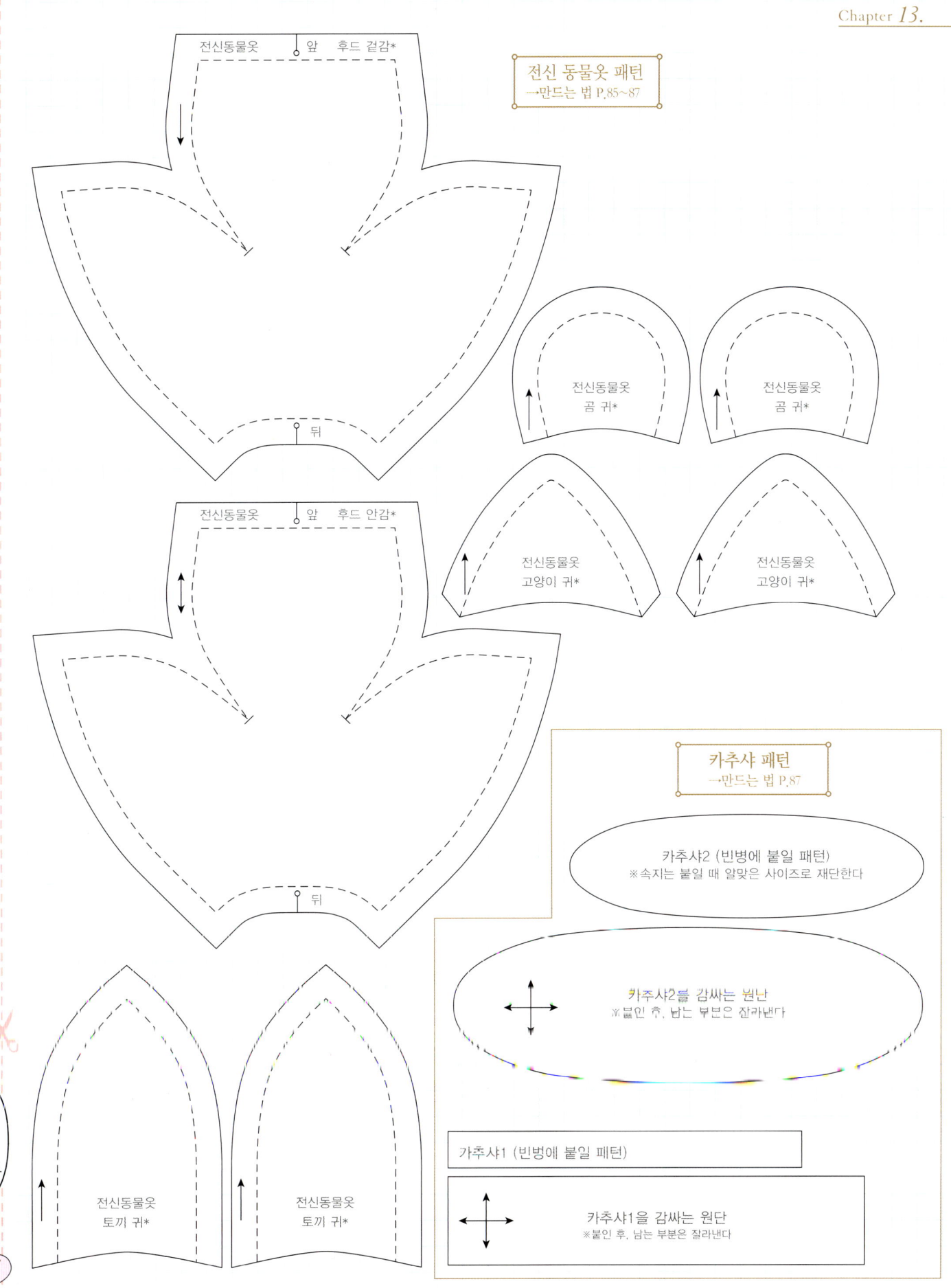

※ 좌우가 같거나 좌우가 난지 반전만 되어 있는 패턴은 ＊ 표시를 했다.

전신동물옷 앞 후드 겉감＊

전신 동물옷 패턴
→만드는 법 P.85~87

전신동물옷
곰 귀＊

전신동물옷
곰 귀＊

뒤

전신동물옷 앞 후드 안감＊

전신동물옷
고양이 귀＊

전신동물옷
고양이 귀＊

뒤

카추샤 패턴
→만드는 법 P.87

카추샤2 (빈병에 붙일 패턴)
※속지는 붙일 때 알맞은 사이즈로 재단한다

카추샤2를 감싸는 원단
※붙인 후, 남는 부분은 잘라낸다

가추샤1 (빈병에 붙일 패턴)

카추샤1을 감싸는 원단
※붙인 후, 남는 부분은 잘라낸다

복사한 후,
잘리서
사용하세요

전신동물옷
토끼 귀＊

전신동물옷
토끼 귀＊

Chapter 14.

플랫슈즈·샌들
— FLAT SHOES / SANDALS —

실물 크기

플랫슈즈

기본 디자인이니까 취향에 따라 다양하게 응용하세요!

「맨발일 때」「양말 신었을 때」 패턴이 별도로 있어서 선택할 수 있습니다

1 → 패턴 P.94

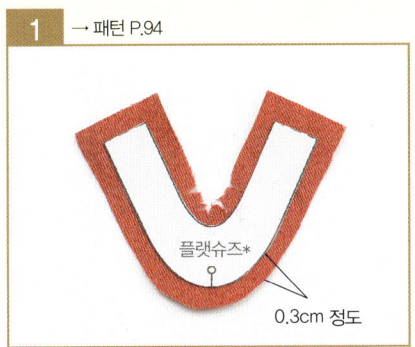

플랫슈즈✽

0.3cm 정도

플랫슈즈 패턴을 원단의 겉쪽에 붙인다. 가장자리를 0.3cm 정도 남기고 재단하고, 곡선 부분에 가위집을 넣는다.

2

(안)

발이 들어가는 입구의 시접을 안쪽으로 접어서 접착제로 붙인다.

3

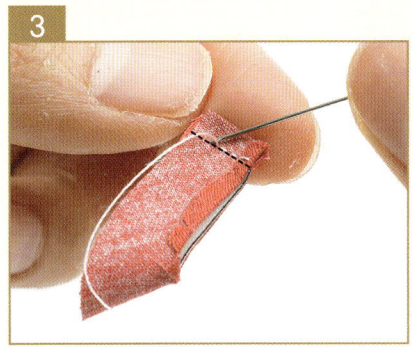

뒤중심을 겉끼리 마주대어 바느질한다.

4

뒤중심 시접을 갈라서 접착제로 붙여주고, 겉으로 뒤집는다. 패턴은 아직 떼어내지 않는다.

5

※이 책에서는 약 0.2cm 두께의 안창을 사용했다

구두 밑창을 가죽으로 만들어도 좋아요

양면테이프를 붙인 구두 밑창과 굽 패턴을, 천원샵 등에서 판매하는 사람용 안창에 붙여서 꼼꼼히 잘라준다.

6

티슈 박스 두께 이상의 종이를 사용하세요

두꺼운 종이에도 밑창과 같은 패턴을 붙이고 잘라서 안창을 만든다.

7

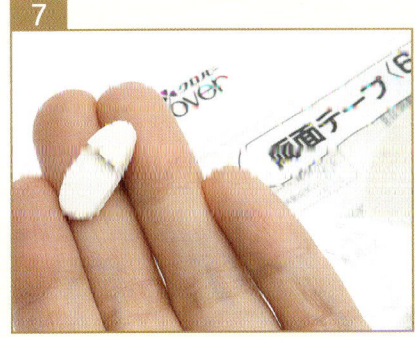

양면테이프로 구두 밑창에 굽을 붙인다.

8

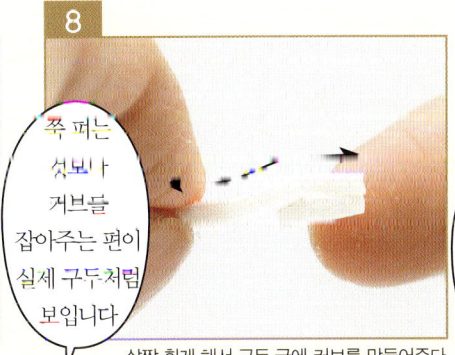

쭉 펴는 섯보다 커브를 잡아주는 편이 실제 구두처럼 보입니다

살짝 휘게 해서 구두 굽에 커브를 만들어준다.

9

두꺼운 종이로 만든 안창을 안으로 집어넣고, 패턴을 가이드 삼아 시접을 접는다

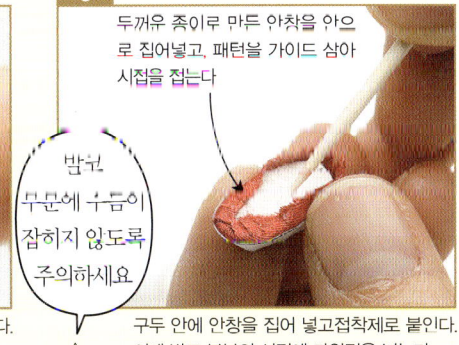

발코 부문에 주름이 잡히지 않도록 주의하세요

구두 안에 안창을 집어 넣고접착제로 붙인다. 이때 발코 부분의 시접에 가위집을 넣는다.

10

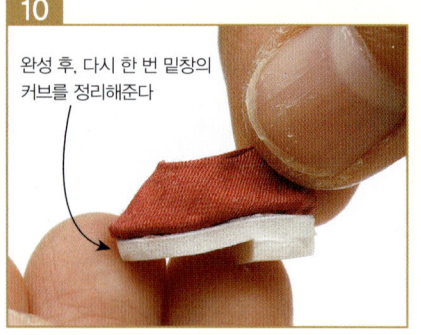

완성 후, 다시 한 번 밑창의 커브를 정리해준다

안창이 완전히 마르면 원단용 양면테이프로 밑창을 붙여준다. 접착제로 붙여도 좋다.

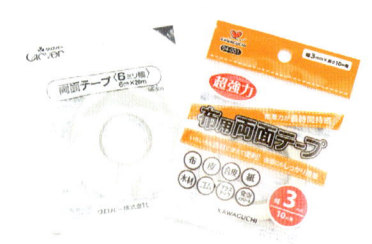

일반 양면테이프는 접착력이 약하거나 시간이 지나면 쉽게 떨어지는 경우가 있으므로, 가능하면 공예용이나 원단 전용 제품을 추천한다.

화학섬유 등 수공예 접착제로 붙이기 어려운 소재는 다용도 접착제를 사용한다. 바르고 바로 붙이지 말고, 수분이 날아가서 끈끈해진 상태가 될 때까지 기다리면 접착력이 좋아진다.

변형

안창에 원단을 붙이거나 의상과 같은 원단으로 만들면 귀엽다.

구두 표면에 반짝이 매니큐어를 겹쳐 바른 구두.

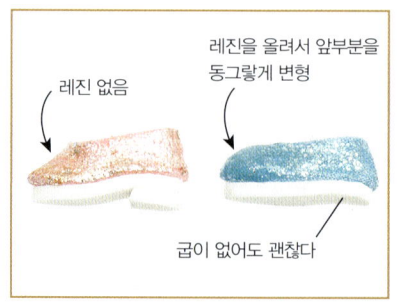

레진 없음

레진을 올려서 앞부분을 동그랗게 변형

굽이 없어도 괜찮다

레진으로 발코를 둥글게 만들고 매니큐어를 발라주어도 귀엽다.
※매니큐어는 시간이 지나면 손상되므로 개인적으로 즐기는 용도로만 사용해야 한다.

자석을 끼우는 방법 밑창과 굽에 동그란 구멍을 내고

자석과 같은 크기, 또는 조금 작은 구멍을 내서 자석을 끼운다.

자석이 빠질 수 있으므로, 구멍 뚫린 자석을 사용하고 낚싯줄 등으로 고정해주는 것이 좋다.

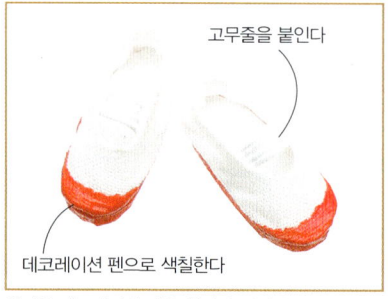

고무줄을 붙인다

데코레이션 펜으로 색칠한다

원단용 데코레이션 펜을 칠해서 실내화로 변형. 양말을 신기고 싶을 때는 큰 패턴을 사용한다. (94페이지 패턴지 참조)

샌들

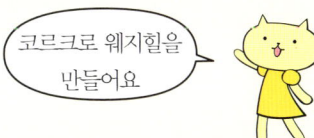
코르크로 웨지힐을
만들어요

1 → 패턴 P.94

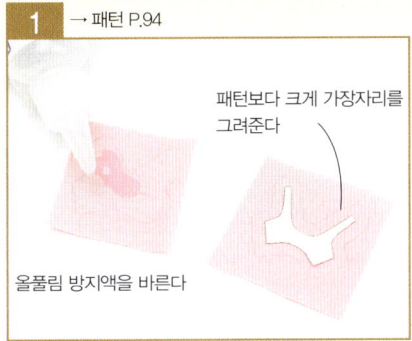

패턴보다 크게 가장자리를
그려준다

올풀림 방지액을 바른다

원단에 패턴을 놓고, 패턴보다 조금 크게 가장자리를 펜으로 그린다. 선으로 둘러싼 부분 전체에 올풀림 방지액을 바른다.

2

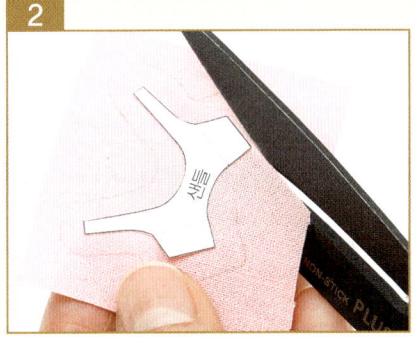

완전히 마르면, 뒤에 양면테이프를 붙인 패턴을 원단에 붙이고 패턴대로 자른다.

3

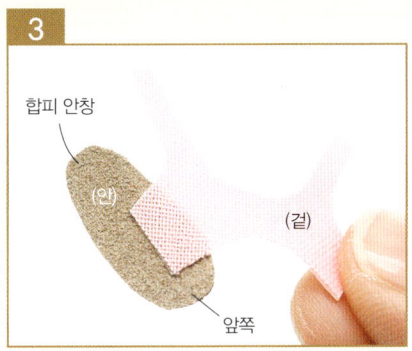

합피 안창

(안)

(겉)

앞쪽

시접 위치에 원단용 양면테이프를 붙여서, 패턴대로 잘라놓은 안창에 붙인다.
(안창은 벅스킨buckskin 느낌의 합피 사용)

4

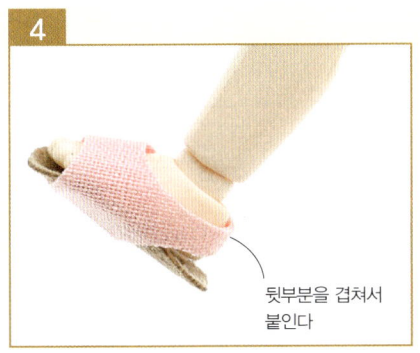

뒷부분을 겹쳐서
붙인다

인형에게 신겨서, 뒷부분을 겹쳐서 붙인다. 이때, 신고 벗기 편하도록 넉넉한 크기로 조절한다.

5

코르크에 패턴을 붙여서 패턴대로 자른다.
(0.3cm 두께의 코르크 사용)

6

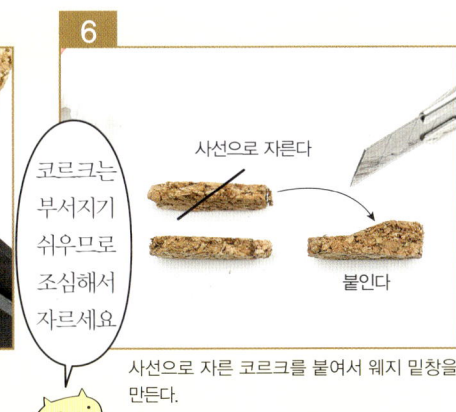

코르크는
부서지기
쉬우므로
조심해서
자르세요

사선으로 자른다

붙인다

사선으로 자른 코르크를 붙여서 웨지 밑창을 만든다.

7

코르크 밑창과 합피 안창을 집착제나 양면테이프로 붙인다.

8

원단뿐 아니라, 비닐 소재로 만들어도 귀엽다.

9

의상과 같은 원단을 사용. 코르크 대신 천원샵에서 판매하는 안창을 잘라서 사용해도 된다.

샌들

※모두 원단에 붙여서 사용

샌들 패턴
→만드는 법 P.93

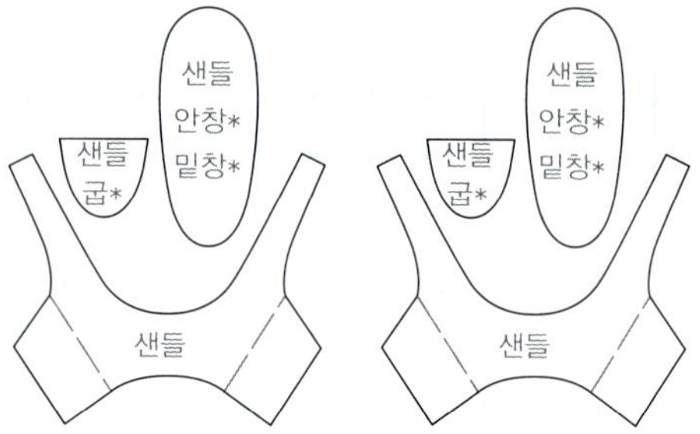

샌들
안창*
밑창*

샌들
굽*

샌들

샌들
안창*
밑창*

샌들
굽*

샌들

슈즈

※모두 원단에 붙여서 사용

슈즈 패턴
→만드는 법 P.91~92

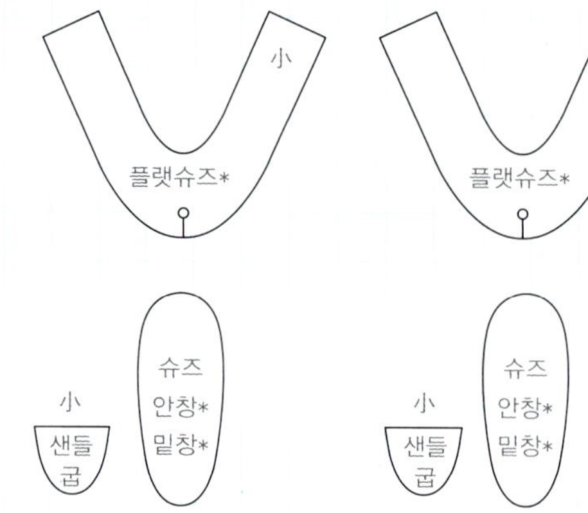

小
플랫슈즈*

小
플랫슈즈*

小
샌들
굽*

슈즈
안창*
밑창*

小
샌들
굽*

슈즈
안창*
밑창*

맨발용

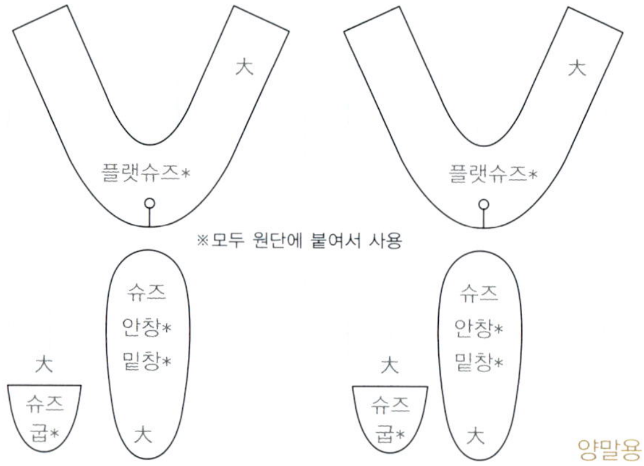

大
플랫슈즈*

大
플랫슈즈*

※모두 원단에 붙여서 사용

大
슈즈
굽*

슈즈
안창*
밑창*
大

大
슈즈
굽*

슈즈
안창*
밑창*
大

양말용

백팩

백팩 패턴
→만드는 법 P.96~97

귀는 펠트로 만든다

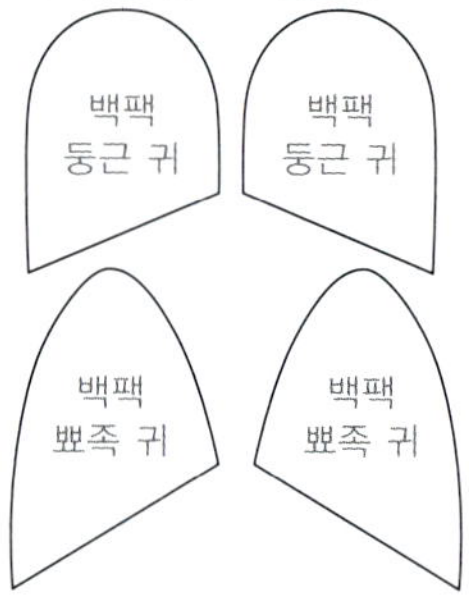

백팩
둥근 귀

백팩
둥근 귀

백팩
뾰족 귀

백팩
뾰족 귀

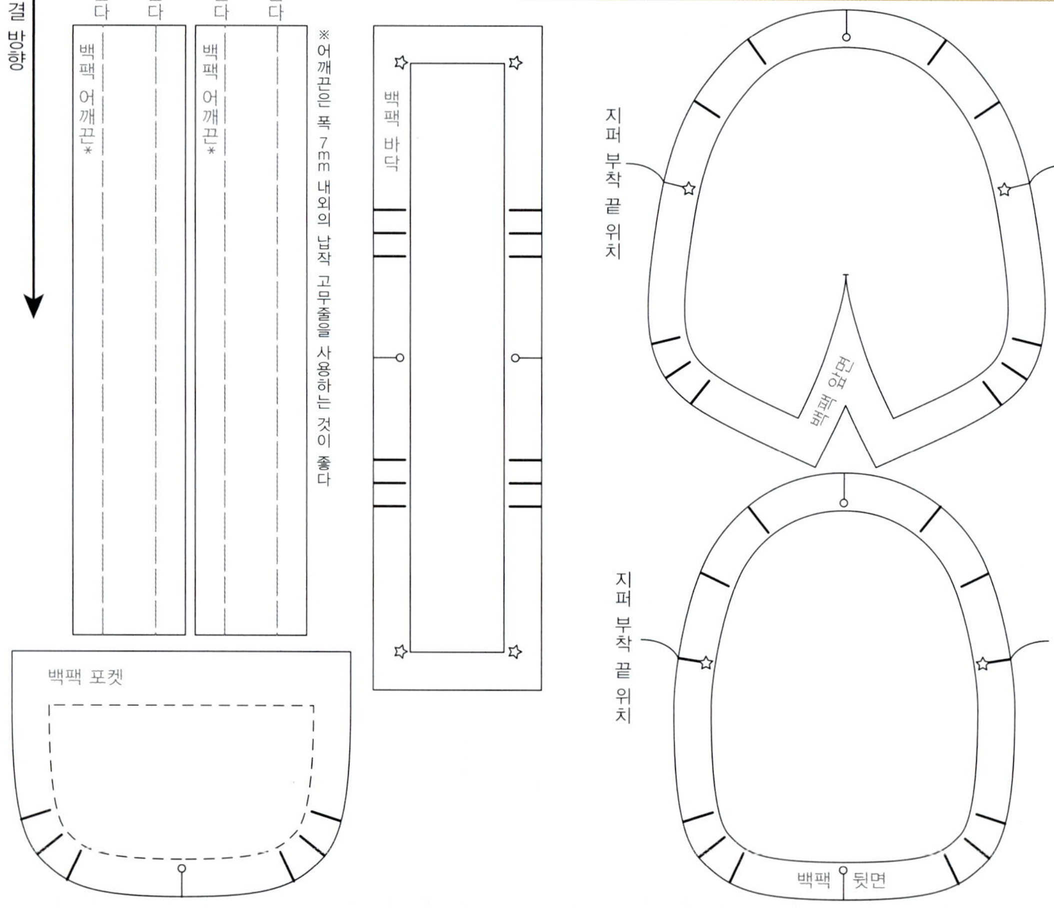

원단 결 방향

접는다 접는다 접는다 접는다

백팩
어깨끈*

백팩
어깨끈*

※어깨끈은 폭 7㎜ 내외의 납작 고무줄을 사용하는 것이 좋다

백팩
바닥

백팩 포켓

지퍼
부착
끝
위치

지퍼
부착
끝
위치

백팩 앞면

지퍼
부착
끝
위치

지퍼
부착
끝
위치

백팩 뒷면

※좌우가 같거나 좌우가 단지 반전만 되어 있는 패턴은 * 표시를 했다.

복사한 후, 잘라서 사용하세요

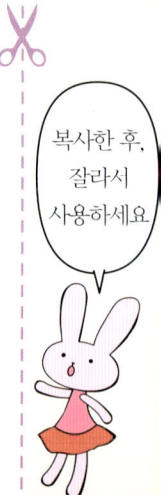

Chapter *15.*

백팩
— BACKPACK —

실물 크기

백팩

동물 백팩

의상과 같은 원단으로 만들어도 귀여워요

재봉틀로 작업하기 어려울 수 있으니, 손바느질로 완성해도 괜찮아요

---

1 → 패턴 P.94

앞면 패턴을 겉끼리 맞닿게 반으로 접어 중앙을 재봉한다.

2

1.5cm 정도 간격을 둔다

긴 쪽을 바깥으로

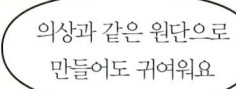

펠트로 만든 귀를 가방 앞면에 시침질해준다.

3

7cm

마스킹테이프로 고정해두면 이후 작업이 편하다

2.3cm 폭

지퍼를 7cm(시접이 포함된 길이)로 자른다. 2.3cm 폭의 지퍼를 사용하고, 그보다 넓을 때는 잘라서 올풀림 방지 액을 발라준다.

4

겉면과 겉면이 안쪽으로 가게 겹치는 것을 말합니다

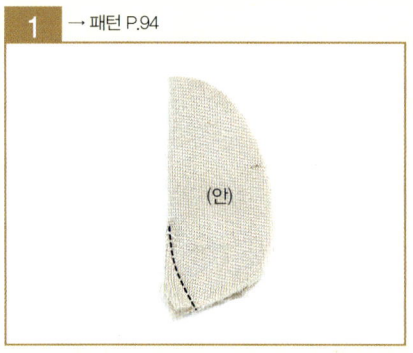

지퍼와 가방 바닥 파츠를 겉끼리 마주대어, 양끝을 재봉해 합쳐서 고리 모양을 만든다.

5

0.5cm

지퍼에 가위집을 넣는다

시접은 아래로 꺾는다

고리 모양이 된 가방 바닥과 가방 앞면을 겉끼리 마주대어 빙 둘러 재봉한다. 재봉틀로 할 경우, 중간에 노루발을 올려서 지퍼 손잡이를 이동해가며 재봉한다.

6

시침질로 임시 고정

(겉)

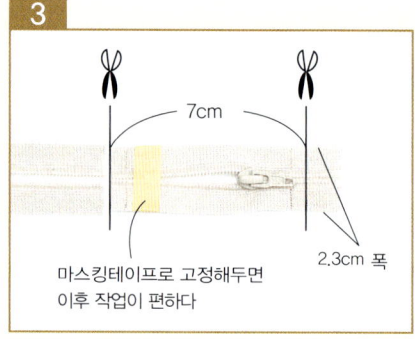

가방 뒷면의 위에 8cm로 자른 납작 고무줄(폭 0.7cm 정도)을 시침질해준다.

7

가방 앞면·바닥과 뒷면을 겉끼리 마주대어, 빙 둘러 재봉해 붙인다.

8

지퍼를 열어서 겉으로 뒤집는다.

9

끝을 접는다

밑에서 1cm 정도

인형에게 착용시켜, 어깨끈의 적당한 위치를 찾아 시침핀을 꽂아둔다.

바느질해 어깨끈을 달아준다.

펠트 등으로 원하는 얼굴을 만들어주면, 백팩 완성!

비즈

바늘로 콕콕 찔러
만든 양모 펠트

니들 펠트와 비즈 등으로 얼굴을 만들어도
좋다.

원하는
얼굴을
만들어
봐요!

백팩 디자인 변형

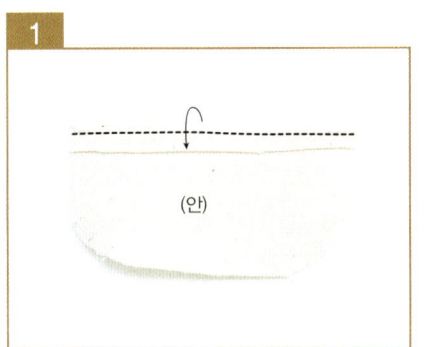

포켓 윗부분을 안으로 접어서 재봉한다.

(겉)

(겉)

가방 앞면 패턴에 재단해 놓은 포켓을 올려놓는다.

(겉)

(겉)

어깨끈의 양쪽 단을 접어서 가장자리에 상
침재봉한다. 접힌 선이 없는 쪽이 밖으로 나
오게 해서, 뒷면 중앙에 시침질해둔다.

이후는
동물
백팩과
같은
방법으로
만들어요

백팩 완성.

어깨끈이 붙는 그림의 위치에
바느질해 붙여준다

실제 크기

사진 속의
일반 지퍼

손잡이와 톱니 부분이
작은 지퍼

과정 사진에서는 쉽게 구할 수 있는 일반 지퍼를 사용했지만, 인형옷에 적합한 미니 지
퍼를 사용하면 지퍼의 손잡이와 톱니 부분이 작아서 더 깔끔하게 완성된다.

Chapter *16.*

보넷
— BONNET —

실물 크기

※좌우가 같거나 좌우가 단지 반전만 되어 있는 패턴은 * 표시를 했다.

보넷   챙* 겉감

보넷   뒤* 겉감

보넷 패턴
→만드는 법 P.100~101

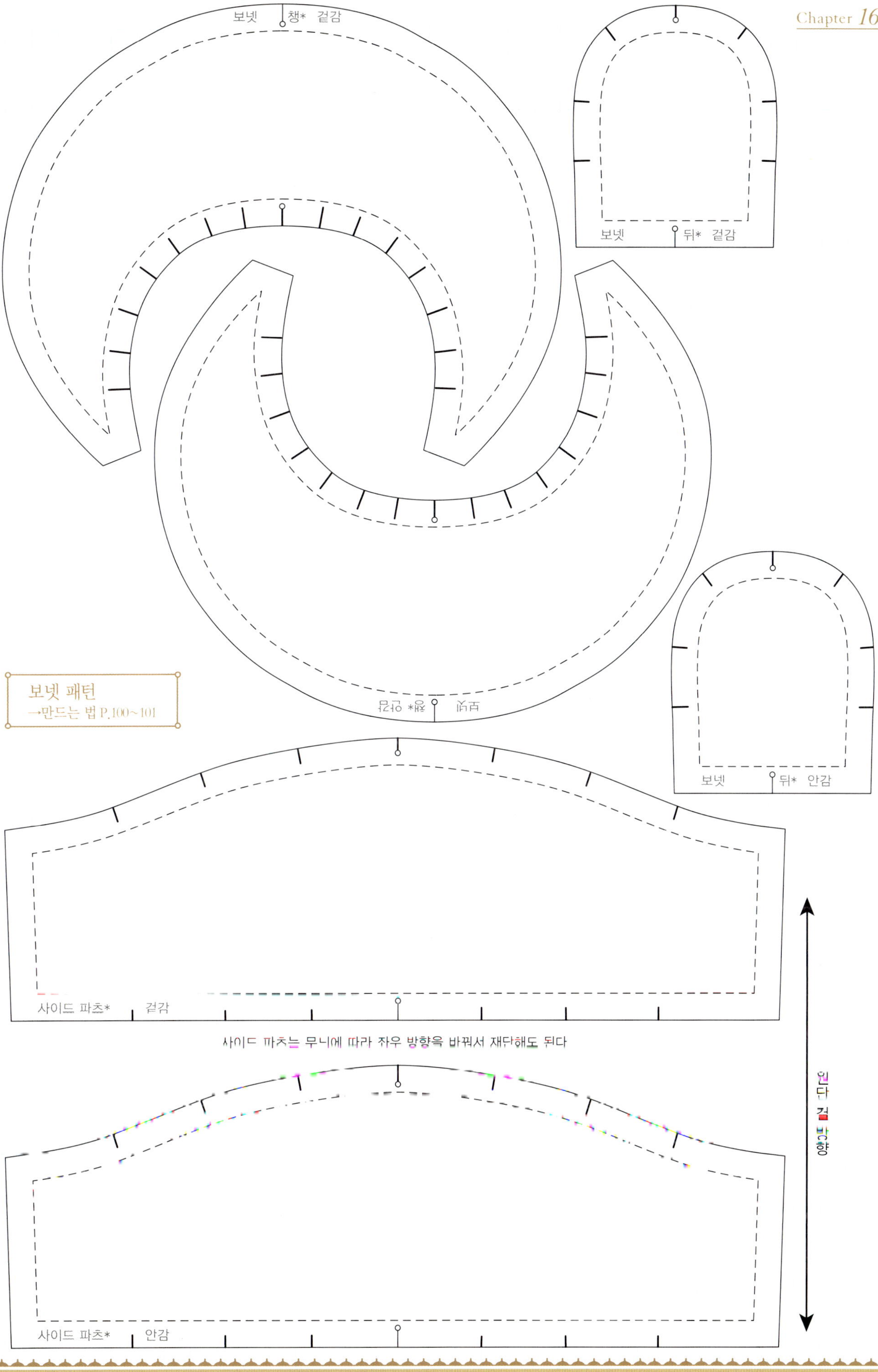

무ㄱ유 *쁜   ㄷㅜ뉴

보넷   뒤* 안감

사이드 파츠*   겉감

사이드 파츠는 무늬에 따라 좌우 방향을 바꿔서 재단해도 된다

사이드 파츠*   안감

ㅜ시힌 후,
잘라서
사용하세요

원다 길 교향

보넷

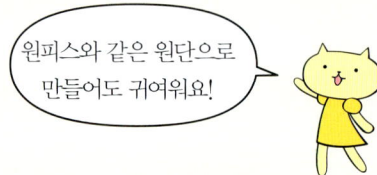

원피스와 같은 원단으로 만들어도 귀여워요!

1 → 패턴 P.99

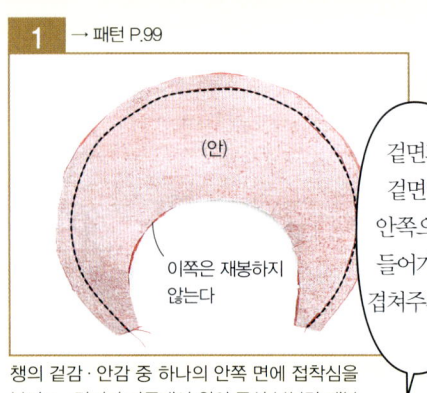

(안)

이쪽은 재봉하지 않는다

챙의 겉감·안감 중 하나의 안쪽 면에 접착심을 붙이고, 겉끼리 마주대어 위의 곡선 부분만 재봉한다.

겉면과 겉면이 안쪽으로 들어가게 겹쳐주세요

2

겉으로 뒤집는다

시접이 0.3cm 정도가 되게 잘라서 겉으로 뒤집고, 다림질로 모양을 정돈한다.

3

시침질로 임시 고정

(겉)

0.5cm   0.5cm

비뚤어지지 않게 주의하면서, 보넷의 사이드 파츠에 18cm로 자른 리본을 시침질한다. (여기서는 3mm 폭의 리본 사용)

4

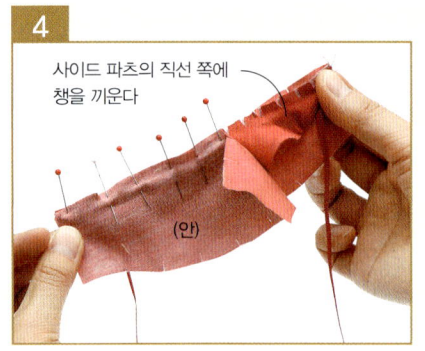

사이드 파츠의 직선 쪽에 챙을 끼운다

(안)

사이드 파츠의 겉감·안감 사이에 챙을 끼워 넣는다.

5

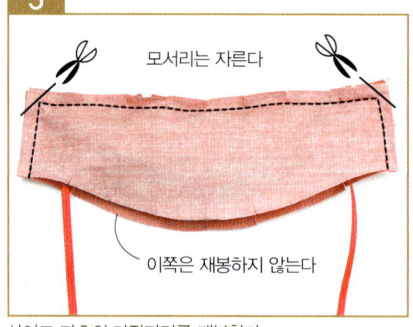

모서리는 자른다

이쪽은 재봉하지 않는다

사이드 파츠의 가장자리를 재봉한다.

6

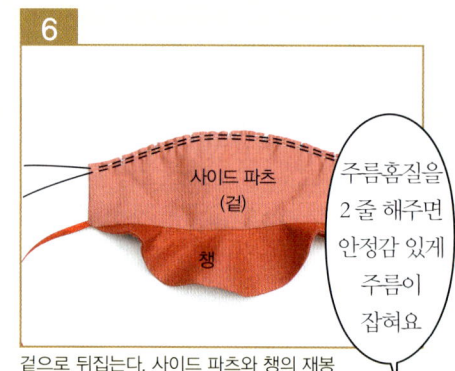

사이드 파츠 (겉)

챙

겉으로 뒤집는다. 사이드 파츠와 챙의 재봉하지 않은 부분을 겹쳐서, 끝에서 0.3cm와 0.7cm 위치에 주름홈질을 해준다.

주름홈질을 2줄 해주면 안정감 있게 주름이 잡혀요

7

뒤판 겉감 (안)

뒤판의 겉감·안감을 겉끼리 마주대어, 아래 부분만 재봉해 합친다.

8

뒤판 겉감 (안)

뒤판 안감 (안)

겉감과 안감을 펼쳐서 이음새를 다림질해 평평하게 해준다. 시접은 한쪽으로 접어도 좋고 갈라도 좋다.

9

착용 시, 겉이 되는 부분끼리 마주댄다

사이드 파츠(겉)

뒤판 겉감 (안)

뒤판 겉감과 사이드 파츠의 가운데 부분을 겉끼리 마주대어 시침핀으로 고정한다.

목 부분의 리본으로 조절하면, 머리가 조금 큰 인형도 착용할 수 있어요

너무 작거나 너무 크다면 패턴을 확대·축소해서 만들어주세요

10

사이드 파츠의 끝은 뒤판의 이음매 위치에 맞춘다

사이드 파츠의 끝과 뒤판의 이음매 위치를 맞춰서 시침핀으로 고정한다.

11

시침핀으로 고정하고 주름을 잡아요

사이드 파츠와 뒤판의 가위집 위치를 맞추어서 시침핀으로 고정하고, 주름 홈질한 실을 당겨 주름을 잡아준다.

12

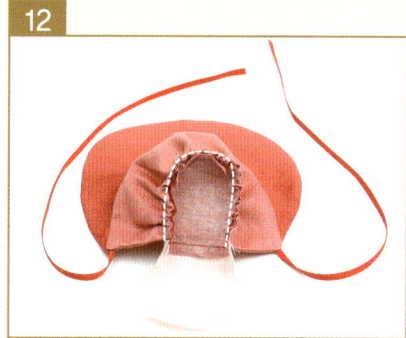

주름 부분을 빙 둘러 재봉한다.

13

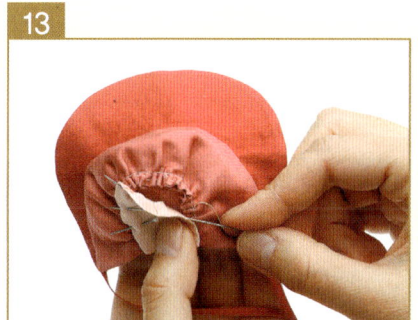

뒤판 안감을 덮어서 가장자리를 감친다. 이때 뒤판의 시접을 다림질해 안쪽으로 접어두면 좋다.

앞

뒤

겉으로 뒤집으면 보넷 완성.

레이스를 달아 변형하기

레이스나 조화를 달아주면 더 귀여워진다.

조화 밑면에 펠트를 붙여주면 보넷에 쉽게 부착할 수 있다

사용허가 범위

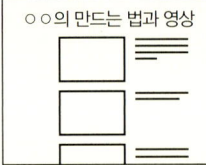

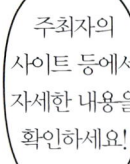

주의·금지사항

자작 패턴이라도, 애니메이션이나 만화 캐릭터, 연예인의 무대 의상 등과 똑같은 디자인의 옷을 만들어 사이트나 이벤트에서 무허가로 판매하는 것은 절대 금해 주세요.

패턴부터 제작한 판권 의상을 판매하고 싶은 경우

개인이라도 이벤트 등의 기회에 캐릭터의 「당일판권」을 취득하면 전시나 판매가 가능합니다.

「당일판권」이란?

이벤트 주최자가 개인의 「캐릭터의 권리 사용 희망」 신청을 대행해 주는 것으로, 판권자로부터 특례로 권리 사용의 허가를 받을 수 있는 시스템

신청 기한은 이벤트에 따라 다르지만 반년~수개월 전인 경우가 많아요

주최자의 사이트 등에서 자세한 내용을 확인하세요!

혹시 본인이 패턴 제작자나 책 저자라면 「이런 행동은 안했으면 좋겠어」 「이런 일을 당해서 화가 나」 같은 것을 상상해서 판단해주세요

가능한 일

"마음에 드는 원단으로 옷을 만들었어요!"

OK!

OK!

책 패턴의 길이를 길게 변형했어요!

☆이 책의 패턴으로 만든 옷을 자신의 블로그나 SNS에 업로드

☆패턴을 변형해서 만든 옷. 혹은 제작 과정을 웹사이트나 SNS에 게재

패턴을 확대·축소해서 다른 사이즈의 인형옷을 만드는 것은 괜찮을까?

예를 들면 스커트 패턴을 확대해서 오비츠22 사이즈로 만들어 입히는 경우

오비츠22

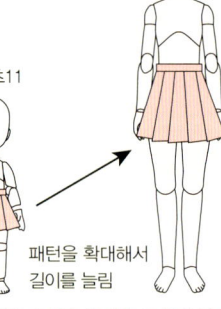

오비츠11

패턴을 확대해서 길이를 늘림

판매 목적이 아닌 개인이 즐기는 정도라면

확대·축소한 패턴으로 옷을 만들거나 완성품을 웹사이트나 SNS에 게재해도 괜찮습니다

패턴의 확대·축소 방법에 대해서는 『처음 시작하는 패턴 교과서』에 자세한 내용이 소개되어 있으니 참조해주세요

처음 시작하는 인형옷 패턴 교과서

이 외에도 제작한 옷을 선물하는 등의 상식적인 범위 안에서라면 무방합니다

직접 만든 옷을 게재하는 것은 대환영! 예쁘게 만들어서 많이 올려주세요

초보에서 능력자로, 여러분의 실력을 업그레이드 해보세요

인형옷 마니아들도 만족할 다양한 책들이 준비되어 있어요

입문자 부터 마니아 까지,
라의눈 인형옷 도서 컬렉션

하농

원피스부터 양말과 부츠까지,
일본 최고 인형옷 작가 하농의 베스트 콜렉션!

사토이 후지이 지음 | 안나진 옮김 | 정유미 감수
96쪽 | 20,000원

세키구치 타에코의
러블리 인형옷 레슨

루루코·리카짱·모모코의 로맨틱 걸리시 패션!

세키구치 타에코 지음 | 고현정 옮김
112쪽 | 22,000원

돌리버드_Tiny Dolls

일본 최고의 인형 잡지 국내 첫 출간,
작은 인형 특집호!

안나진 옮김
112쪽 | 22,000원

돌리버드_란제리 특집

인형 역사를 장식한 50가지 인형늘의
환상적 란제리 패션쇼!

정유미 옮김 | 118쪽 | 22,000원

유노아 프릭3

의상에서 커스텀까지, 유노아의 모든 것

호비 재팬 지음 | 정유미 옮김
104쪽 | 28,000원

다니오의 인형옷 클래스

나만 알고 싶은 러블리 인형옷 레시피!

최지은 지음 | 112쪽 | 20,000원

◇ 당신은 언제나 옳습니다. 그대의 삶을 응원합니다. — 라의눈 출판그룹

오비츠11 여자아이
인형옷 패턴 교과서

초판 1쇄 2019년 12월 2일
　　2쇄 2025년 2월 11일

지은이 아라키 사와코　　옮긴이 조수민　　감수 정지원
펴낸이 설웅도　　편집주간 안은주　　영업책임 민경업

펴낸곳 라의눈

출판등록 2014년 1월 13일(제2019-000228호)
주소 서울시 강남구 테헤란로78길 14-12(대치동) 동영빌딩 4층
전화 02-466-1283 팩스 02-466-1301

문의(e-mail)
편집 editor@eyeofra.co.kr
마케팅 marketing@eyeofra.co.kr
경영지원 management@eyeofra.co.kr

ISBN : 979-11-88726-40-0 13630

ドールソーイング BOOK オビツ11の型紙の教科書 －11cmサイズの女の子服－

STAFF

디자인 : 다나카 아사코
촬영 : 다마이 히사요시　가츠라 타카노리
편집 : 스즈키 요코
기획 협력 : 주식회사 오비츠 제작소
사용 모델 원형메이크업안구 : Out of Base(DONO-RE!)
사용 가발 : Calico wig
사용 보디 : 오비츠 11 보디 화이티